Katell Pouliquen

LE COMMERCE ÉQUITABLE

• MARABOUT •

Mise en page : Claire Rouyer

Sommaire

INTRODUCTION

QUAND LES CONSOMMATEURS DU NORD SERVENT LA CAUSE DES PAYSANS DU SUD

Et si deux tasses d'arabica, *a priori* semblables, contenaient en réalité deux messages politiques opposés ? Et si deux tablettes de chocolat cachaient deux histoires divergentes ? Et si nous, consommateurs occidentaux, pouvions, depuis notre cuisine, aider à modifier les conditions de vie et de travail de millions de petits producteurs jusque-là exploités à l'autre bout de la chaîne ?

Tel est le pari du commerce équitable : passer d'un échange inégal entre le Nord et le Sud à un commerce équitable donnant la parole aux plus faibles.

Le commerce équitable se développe depuis une trentaine d'années dans un contexte où les consommateurs, de mieux en mieux informés et vigilants, deviennent extrêmement sensibles aux effets désastreux de la mondialisation économique. Les crises alimentaires à répétition (poulets à la dioxine, vaches folles, fièvre aphteuse...) remettent en question le choix d'une agriculture fondée sur la recherche d'une rentabilité maximale. De plus en plus de Français crient haro sur la « mal-bouffe » en se choisissant José Bové pour égérie, tandis que le développement durable a le vent en poupe. Les consommateurs veulent une alimentation saine, respectueuse de la nature. Plus encore, beaucoup d'entre eux, choqués par le déséquilibre économique mondial, surveillent désormais l'origine des produits qu'on leur propose et leurs conditions de fabrication. Pour ceux-là, hors de question d'acheter des produits issus de filières de fabrication obscures (travail d'enfants, esclavage, destruction de l'environnement). Ils ont soif d'éthique dans leurs achats quotidiens.

La nouveauté est que pour la première fois, cette prise de conscience des déséquilibres du commerce mondial n'est pas passive. Les consommateurs modernes sont persuadés qu'un autre monde est possible grâce à eux, par des actes citoyens au quotidien. Le commerce équitable leur donne les moyens de devenir des « consom'acteurs ». Chacun, par ses achats responsables, peut agir contre la pauvreté et aider à la régulation du commerce international. Dans cette conception nouvelle du commerce, les rapports d'aide et d'assistance entre le Nord et le Sud sont remplacés par des relations commerciales « équitables », contournant l'échange économique inégal entre producteurs et consommateurs.

Acheter équitable est un choix de société, mais qui implique chacun individuellement, pour peu qu'on soit prêt à payer un petit peu plus cher un produit venu du Sud dans des conditions décentes.

Apparu à la fin des années 1980, le commerce équitable fait des pas de géant en France chaque année. Les ventes de café labellisé, en tête du hit-parade des produits équitables, augmentent sensiblement. Certes, l'Europe du « centre » (Benelux, Allemagne, Suisse, Royaume-Uni) a une bonne longueur d'avance sur celle du « sud », et notamment la France. Mais le chiffre d'affaires du commerce équitable dans notre pays est en constante progression. Il en est de même pour sa notoriété, bien qu'elle n'atteigne pas les taux relevés en Europe du Nord (où le commerce équitable est connu par 50 à 90 % des populations). Une enquête menée par Ipsos en novembre 2002 en témoigne. Aujourd'hui, par le biais des médias, environ une personne sur trois en a « déjà entendu parler », contre à peine une sur dix il y a seulement deux ans ! Les Français connaissent également mieux les objectifs poursuivis par le commerce équitable. Près de quatre personnes interrogées sur dix s'accordent sur le fait qu'il est un « moyen d'équilibrer les échanges entre les pays du Nord et du Sud », trois sur dix le perçoivent comme un « moyen de combattre la pauvreté ». Quant aux produits, le café arrive en tête des ventes (42 % des personnes disant avoir déjà acheté un produit du commerce équitable), assez loin devant les vêtements (17 %). Les autres produits (fruits et légumes, bibelots, autres produits artisanaux, chocolat, riz, céréales…) sont cités par moins de 10 % des consommateurs de produits issus du commerce équitable.

Défendre le commerce équitable, c'est donc croire qu'aux rapports de force entre le Nord et le Sud peuvent se substituer des relations tournant le dos à l'exploitation – un choix de société qui secoue enfin les rapports de domination.

Partie I

Choisir le commerce équitable

« Rien ne changera chez nous si rien ne change chez vous ! » Cette phrase du Brésilien Dom Helder Camara, surnommé l'« évêque des pauvres » et qui mourut au milieu des déshérités en 1999, résume l'enjeu Nord-Sud. L'évêque n'a jamais pardonné qu'« à l'aube de l'an 2000 des gens vivent encore en situation dégradante, où ils n'ont pas le minimum requis pour avoir une vie humaine digne et honorée, alors que l'humanité n'a jamais eu autant les moyens de combler ces inégalités économiques et sociales ».

Cette conviction que le développement des pays du Sud ne peut pas se fonder uniquement sur des transferts financiers du Nord vers le Sud, c'est le fondement du commerce équitable, qui tente tout simplement de faire respecter un droit fondamental de l'homme. La Déclaration universelle des droits de l'homme en 1948 l'énonce clairement : « Quiconque travaille a droit à une rémunération équitable et satisfaisante lui assurant ainsi qu'à sa famille une existence conforme à la dignité humaine. »

Mieux que d'octroyer des dons, le commerce équitable vise à permettre à chaque personne de vivre dans la dignité, non pas sur la base d'une relation d'assistance, mais tout simplement de son travail payé à un prix juste. Certes, cette démarche alternative requiert temps et pédagogie, mais elle constitue la clef d'un véritable développement, respectueux de l'homme et de son environnement.

Chapitre 1

La réalité cachée des produits en rayon

Bien des produits que nous consommons régulièrement, fabriqués dans les pays du Sud, cachent une réalité peu glorieuse.

La situation au Sud

Dans le tiers-monde, des centaines de millions de petits producteurs et de salariés, occasionnels ou non, sont en situation tellement précaire que depuis des décennies, leur existence n'est plus qu'une survie indigne. Face à ce destin, ils sont frappés d'une totale impuissance. Seuls, dépendants des pouvoirs locaux dominants, des prix des matières premières (fixés à New York ou à Londres) et de la concurrence mondiale exacerbée, ils ne disposent pas de moyens leur permettant d'élaborer des stratégies de développement à moyen et long termes (diversification, investissement, amélioration des techniques de production...). Année après année, les écarts se creusent : 1,3 milliard de personnes vivent aujourd'hui en dessous du seuil de pauvreté.

La situation ne peut s'assainir que si l'occasion est enfin donnée aux petits producteurs de s'associer pas seulement entre eux, mais aussi avec des partenaires occidentaux décidés à rompre cette chaîne infernale.

Un contexte dramatique

À tous les niveaux, la vie des travailleurs du Sud s'apparente à un servage moderne. Les petits producteurs sont en totale dépendance à l'égard d'acheteurs et d'intermédiaires qui n'ont eux-mêmes aucune influence sur les cours mondiaux. Ils sont totalement démunis face à des multinationales qui imposent leur prix et leurs conditions. Les récoltes sont précaires, et la situation se révèle d'autant plus catastrophique que beaucoup d'exploitations fonctionnent en mono-production. Les marchés alimentaires sont très irréguliers – les cours subissant de fortes fluctuations – et oligopolistiques – quatre multinationales contrôlent plus de la moitié du marché du café, par exemple. Les prix des matières premières sont, pour leur grande majorité, en dessous des coûts de production. En outre, les systèmes de stabilisation disparaissent sous l'impulsion des politiques de libéralisation. Ainsi, au début des années 1980, le Vietnam s'est lancé, sur proposition de la Banque mondiale, dans la production de café, avec un atout : des coûts de production extrêmement bas. En moins de 15 ans, ce pays est devenu le deuxième producteur mondial de café. Or l'irruption de ce nouvel acteur a entraîné une surproduction et, par conséquent, une chute du cours.

De fait, les matières premières se caractérisent généralement par une surproduction systématique qui suscite l'effondrement des cours : entre décembre 1999 et décembre 2001, le prix du café arabica est passé de 131 US$ le sac de 100 livres à 43 US$. Depuis deux ans, le cours du café est resté sous la barre des 65 US$ (avec une moyenne de 53 US$ sur l'ensemble de l'année 2002) alors que les coûts de revient sont estimés à environ 80 US$.

N'ayant pas de fonds propres, n'ayant que rarement accès aux banques et se retrouvant à la merci des usuriers, les paysans souffrent d'endettement chronique. Leur technologie est souvent misérable. L'accès à l'éducation et à la formation professionnelle est limité. Les revenus sont dramatiquement bas, et les conditions sanitaires déplorables. La malnutrition ou la sous-nutrition entraînent asthénie et maladies, d'autant plus catastrophiques que l'accès aux soins est très difficile. Les logements sont insalubres.

Les petits producteurs sont en outre à la merci du moindre accident climatique (inondation, sécheresse), biologique (maladie des plantes ou des hommes), économique (mévente des produits, fluctuation à la baisse) ou politique (guerre civile). Esclaves modernes, ils sont souvent contraints de se tourner vers des cultures plus rentables (comme la coca en Bolivie et au Pérou) ou de s'exiler vers le mirage qu'est la ville, pensant fuir leur cauchemar. Déracinés, il ne font en fait que se déverser, toujours plus nombreux, dans les bidonvilles des mégapoles.

La pression est toujours plus forte. La concurrence s'accentue dans un marché devenu mondial, globalisé. La recherche du prix le plus bas au plan international est devenue la clef des stratégies des grands groupes.

La suppression des règles minimales de protection sociale et la réduction des taxes sont la pierre angulaire des zones franches qui se multiplient dans les pays du Sud dans le but d'attirer les multinationales. On assiste à une course folle au « moins disant social ». Les réglementations sociales sont allégées, voire supprimées. Les travailleurs n'ont pas d'autre choix que de subir en silence.

L'impact de la mondialisation sur l'économie des pays pauvres

Les chiffres clefs d'un commerce inégal

Ces deux dernières décennies, les échanges commerciaux internationaux se sont multipliés aux dépens des pays du Sud, creusant les inégalités entre les hommes et menaçant toujours plus des écosystèmes déjà fragilisés.

Le volume du commerce mondial est aujourd'hui quatorze fois supérieur à ce qu'il était en 1950. Dans le même temps, la planète a perdu environ 30 % de ses richesses naturelles.

Actuellement, 1,3 milliard de personnes vivent en dessous du seuil de pauvreté, et les 20 % d'individus les plus pauvres se partagent 1,1 % du revenu mondial. (Source : *Rapport mondial sur le développement humain 1999*, Pnud.) Le revenu des 20 % les plus riches de la planète était trente fois supérieur à celui des 20 % les plus pauvres en 1960. Il est aujourd'hui soixante-dix-huit fois supérieur. L'évolution des écarts de revenus entre les 20 % de la population des pays les plus riches et les 20 % des pays les plus pauvres est accablante : 3 contre 1 en 1820, 11 contre 1 en 1913, 30 contre 1 en 1960, 74 contre 1 en 1997. (Source : *Étude mondiale sur le commerce équitable*, Alter Eco PwC Conseil, mai 2001.)

Une marginalisation accrue des pays les plus pauvres

La dépendance des pays pauvres par rapport aux exportations augmente sans cesse. Elles représentent, par exemple, 30 % du PIB de l'Afrique sub-saharienne. Ces pays exportent principalement des matières premières, or leur cours sont au plus bas depuis un siècle et demi. Dans

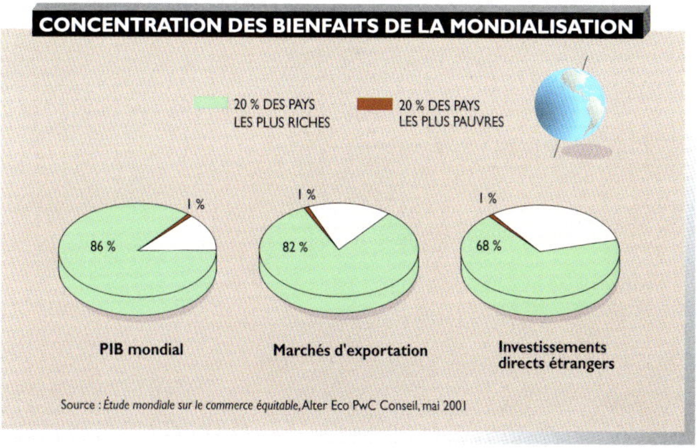

80 pays, le PIB par habitant est aujourd'hui inférieur au niveau de 1990. (Source : *Étude mondiale sur le commerce équitable*, Alter Eco PwC Conseil, mai 2001.)

Pour bousculer cette logique, diverses organisations et associations ont élaboré un programme commun. Leur but est de promouvoir un commerce « équitable », un système d'échanges entre le Nord et Sud respectueux des droits de l'homme et de l'environnement et permettant à chacun de vivre dignement de son travail.

Les conditions de vie et de travail : histoires de producteurs

Gordon Nyendwoha, cultivateur de café en Ouganda

L'Ouganda et le café sont inextricablement liés. Le café est la principale source de revenus pour les paysans et forme le cœur de l'économie ougandaise. Les trois quarts de la population tirent leur subsistance de la culture ou du commerce du café. Selon le prix, il représente entre 65 et 95 % des échanges extérieurs.

Gordon et Monica Nyendwoha, membres de Banyankole Kweterana Cooperative Union, comptent au nombre des millions d'Ougandais qui dépendent du café. Ils cultivent les produits pour leur alimentation sur la *shamba*, mais le café est leur seule source de revenu monétaire. La fluctuation de son cours sur le marché mondial a un impact direct sur leur vie. « Aujourd'hui, je reçois seulement la moitié du prix de l'année passée », déclarait Gordon en 1996. L'année précédente, il avait placé un nouveau toit en tôle ondulée sur sa maison et avait pu payer les charges pour l'école secondaire de son aîné. Mais cette année, il ne pourra pas se le permettre. Que ferait-il si le café rapportait plus ? « J'enverrais tous mes enfants à l'école, bien sûr ! Pour leur permettre de vivre mieux que moi. »

Petit producteur de café en Amérique du Sud

Producteurs de la Region del Istmo, dans la province d'Oaxaca, au Mexique

Il y a environ cent ans, les habitants de la région de l'Istmo commencèrent à cultiver du café. Ils semaient aussi du maïs, des fèves noires, des piments, des légumes, et ils avaient quelques arbres dont ils gardaient les fruits pour leur propre alimentation.

Dès le début, ils eurent des problèmes avec la vente du café. N'ayant aucun moyen de transport, les paysans devaient le céder à bas prix aux marchands qui montaient de la ville d'Ixtepec avec leurs mules et leurs chevaux pour aller le chercher dans les montagnes. À la fin des années 1970, la construction de routes vers certains villages facilita l'entrée d'acheteurs et de l'Institut mexicain du café (Inmecafé), un organisme public chargé de la commercialisation de cette denrée. Mais les prêts accordés aux paysans pour les encourager à acheter de nouvelles semences, des engrais et des pesticides chimiques étaient à des taux d'intérêts élevés. Ainsi, malgré une hausse du rendement pour certains, la faiblesse des prix jumelée aux traites à payer firent que la situation des familles s'améliora peu. Les produits chimiques ne les aidaient que temporairement, affectant leur santé, contaminant leur environnement et multipliant les problèmes d'érosion du sol.

En 1982, un groupe de paysans et une équipe de missionnaires catholiques organisèrent une rencontre dans le but d'analyser la situation. La communauté en vint aux conclusions suivantes : « le prix du café est trop bas, il ne nous suffit pas » ; « les banques ne nous prêtent pas d'argent parce que nous n'arrivons pas à payer les intérêts » ; « nous n'avons pas suffisamment à manger » ; « nous tombons facilement malades et il n'y a pas assez d'assistance médicale ; quand il y en a, les médicaments qu'on nous propose sont trop chers pour que l'on puisse les acheter ;

la maladie nous fait perdre du temps de travail et fait souffrir nos familles » ; « le système de transport est mauvais et très cher » ; « plusieurs villages n'ont aucun accès aux services d'eau potable, d'électricité, de téléphone ni de télégraphe » ; « l'éducation donnée à nos enfants est déficiente ; les professeurs s'absentent beaucoup » ; « nos maisons sont en mauvais état ; nous voudrions les améliorer ou en construire de nouvelles mais nous n'avons pas suffisamment d'argent pour le faire » ; « les prix des magasins d'alimentation sont trop élevés et les stocks sont souvent épuisés ».

Devant ce constat, ces communautés de Zapotèques, Mixes et Chontales décident de s'organiser et créent leur coopérative : l'Union de Comunidades Indigenas de la Region del Istmo (Uciri). Quatre ans plus tard, en 1986, ils lancent un appel à une ONG néerlandaise : « Nous ne voulons pas être considérés comme des assistés. Aidez-nous à vivre de notre travail, à vivre décemment, à vivre dans la dignité. » Cet appel fut entendu et donna naissance en 1988, aux Pays-Bas, au lancement du label de commerce équitable Max Havelaar.

Chapitre 2

Un autre achat pour une mondialisation à visage humain

Nous n'avons pas toujours conscience que lorsque nous achetons des produits issus du système de production alimentaire classique, nous sommes en partie responsables des problèmes économiques, sociaux et environnementaux engendrés par ces pratiques commerciales.

Heureusement, nos choix de consommation nous permettent aujourd'hui d'améliorer la vie quotidienne des paysans du Sud. Choisir les produits du commerce équitable, ce n'est pas seulement acheter en fonction du prix ou des caractéristiques propres du produit, c'est aussi prendre en compte des critères humains et environnementaux. Nous pouvons, par nos actes d'achat quotidiens, aider les travailleurs et les petits producteurs à être plus autonomes et à vivre dans de meilleures conditions. L'exercice de notre pouvoir d'achat devient ainsi un « vote » pour le développement d'échanges plus solidaires, équitables et écologiques.

La démarche du commerce équitable

Le progrès proposé par le commerce équitable ne passe pas par la charité ni par une aide financière, mais par une organisation différente des échanges mondiaux. Le commerce équitable permet aux travailleurs et aux petits producteurs défavorisés de vendre le produit de leur travail à un prix décent, qui leur offre la possibilité d'investir et d'améliorer leurs conditions de vie. Il est donc un outil de développement. En s'adressant en priorité aux petits producteurs ou aux travailleurs marginalisés, en réduisant la pression des intermédiaires locaux et en leur ouvrant un accès direct aux marchés internationaux, le commerce équitable vise à renforcer leur organisation, facteur essentiel pour qu'ils assument ensuite leur propre développement. Il vise l'amélioration des conditions de vie des petits producteurs et des travailleurs, qui doivent tous être libérés de pratiques ressemblant encore, trop souvent, à du servage contemporain. Il est aussi un outil de régulation du commerce international dans la mesure où il a pour objectif de contribuer à la modification des méthodes du commerce mondial par la pression de la demande des consommateurs. Ainsi, aujourd'hui, devant le succès du commerce équitable dans certains pays, où la part de marché des produits labellisés peut atteindre 20 %, aucune entreprise de taille importante ne peut manquer de s'interroger sur ses modalités d'approvisionnement et son éthique commerciale.

L'histoire du commerce équitable

Le commerce équitable n'est pas un concept nouveau. Il existe depuis une trentaine d'années. Appelé au départ « commerce alternatif », il a été mis en place par des organisations non gouvernementales dans les années 1960 en

Grande-Bretagne et aux Pays-Bas, sous forme de boutiques spécialisées qui sont souvent appelées « magasins du monde » et constituent une « alternative » au commerce traditionnel. Elles proposent des produits alimentaires et artisanaux provenant des pays du Sud. Même si le concept est rapidement étendu aux États-Unis et au reste de l'Europe, ces boutiques restent parallèles au système classique et ne se développent guère.

1957 : Dans le sud des Pays-Bas, de jeunes catholiques créent une association en vue d'importer des produits du tiers-monde.

1964 : À Genève, lors d'une réunion de la Cnuced (Conférence des Nations unies pour le commerce et le développement), naissance du slogan *Trade, not aid* (« Du commerce, pas de l'aide »).

1974 : L'Union des comités de jumelage-coopération, de l'abbé Pierre, ouvre sa boutique Artisans du monde, premier magasin de produits du Sud en France.

1988 : Sous le nom de Max Havelaar, le premier label de « commerce équitable » est lancé aux Pays-Bas. Il concerne au départ le seul café.

1992 : Naissance de l'association Max Havelaar France à l'initiative de trois associations : Ingénieurs sans frontières, Peuples solidaires et le Centre international pour le développement agricole.

1993 : Première apparition de produits portant le label Max Havelaar dans des magasins bretons.

1997 : Création de la Plate-forme française du commerce équitable, qui réunit l'ensemble des acteurs du commerce équitable.

1999 : En France, l'Assemblée nationale sert un café équitable portant le label Max Havelaar. Le parlement européen ainsi que les parlements suisse, hollandais, britannique, allemand et belge servent aussi du café équitable.

2000 : La plupart des grandes enseignes de la distribution en France – ce qui représente environ 3 500 points de vente – proposent au moins un café portant le label Max Havelaar.

2001 : Le thé équitable fait son apparition en France.

2002 : La banane « équitable » est vendue dans des supermarchés français.

2003 : Max Havelaar obtient le label « Campagne d'intérêt général » décerné par le Premier ministre.

Au plan européen, il existe aujourd'hui 3 000 magasins spécialisés et 55 000 points de vente proposant des produits labellisés Max Havelaar.

On estime que plus de 800 000 producteurs, c'est-à-dire, avec leurs proches, quelque 5 millions de personnes au Sud, bénéficient du commerce équitable. (Source : Efta.)

Les critères du commerce équitable

Des critères économiques : de meilleurs prix, de nouveaux marchés

Fine, regroupement des quatre fédérations internationales du commerce équitable – Flo (Fairtrade Labelling Organizations International), Ifat (International Federation for Alternative Trade), New's (Network of European World Shops), Efta (European Fair Trade Association) –, en donnait la définition suivante en 2001 :

« Le commerce équitable est un partenariat commercial basé sur le dialogue, la transparence et le respect, qui vise à plus d'équité dans le commerce international. Le commerce équitable contribue au développement durable en proposant de meilleurs conditions commerciales aux producteurs marginalisés, spécialement dans le Sud, en sécurisant leurs droits. Les acteurs du commerce équitable, soutenus par de nombreux consommateurs, s'engagent à appuyer activement les producteurs, à sensibiliser le public et à se mobiliser pour des changements dans les règles et la pratique du commerce international conventionnel. »

Pour parvenir à cet objectif, il faut réduire, dans la mesure du possible, le nombre d'intermédiaires entre producteurs-vendeurs et acheteurs finaux. Il convient aussi de valoriser les potentiels locaux des producteurs : ceux-ci sont invités à utiliser la matière première naturelle disponible ou à cultiver selon leur savoir-faire traditionnel. Ils doivent tendre à l'autonomie. Pour cela, ils sont incités à diversifier leurs productions et leurs débouchés, au contraire des pratiques actuelles qui ont pour effet de modeler les agricultures du Sud en fonction des besoins, réels ou supposés, des consommateurs du Nord.

Un prix d'achat garanti, le plus souvent supérieur aux cours mondiaux, est déterminé, les récoltes sont préfinancées, et des contrats de partenariat durable, à plus ou moins long terme, sont signés. Sans cette assurance, il n'existe pas d'échange dans la dignité.

Les produits sont payés à un prix « équitable » couvrant au minimum les coûts de production et permettant la mise en œuvre de programmes collectifs à dimension sociale ou économique. De surcroît, dans certains cas, une aide technique pour améliorer la qualité des produits et une formation à la gestion sont fournies.

Ainsi, dans le Chiapas mexicain, grâce à des conditions de ce type faites par des partenaires d'outre-Atlantique, des milliers d'apiculteurs regroupés en coopératives ont pu imposer de meilleurs prix à leurs acheteurs locaux. En d'autres termes, l'assainissement des relations Nord-Sud contribue à modifier certains rapports de force au sein des sociétés locales.

Ces règles battent en brèche la philosophie de base de l'échange « classique » et renforcent le partenaire au lieu de l'exploiter, comme c'est le cas habituellement.

Des critères sociaux : le respect des droits de l'homme

Le renforcement des partenaires du Sud passe aussi par une transformation des rapports sociaux. Le commerce équitable veille au respect de règles allant au-delà de ce que prônent, souvent vainement, les conventions de l'Organisation internationale du travail.

Les coopératives sont des organisations participatives respectueuses de la liberté d'expression et de l'avis de chacun, sans discrimination aucune. Cela se traduit par une prise de décision démocratique ou, dans une entreprise, par la négociation entre patronat et syndicats.

Le travail des enfants ne peut être toléré que dans une période transitoire ou dans le cadre d'un programme de scolarisation ou de formation professionnelle, sinon, il doit être éliminé.

Les droits sociaux – salaire minimum, droits syndicaux, congés, normes de sécurité – doivent être respectés, et l'égalité hommes-femmes être la règle, tout comme la juste rétribution des travailleurs.

Les travailleurs doivent avoir accès aux soins ; les bénéfices, s'il y en a, sont utilisés pour créer des équipements collectifs, sanitaires ou éducatifs.

Des formes d'organisation plus vastes que les coopératives locales sont encouragées. Ainsi s'est créée la « coordinadora », fédération qui regroupe l'ensemble des organisations de producteurs latino-américains agréés par Max Havelaar. Elle est devenue un lieu essentiel de débats et de concertation sur les problèmes auxquels ses membres sont confrontés. Elle organise tous les deux ans une rencontre régionale des producteurs du continent sud-américain.

Plants de café équitable

Des critères environnementaux

Le respect des écosystèmes spécifiques, la conservation et l'utilisation raisonnable des ressources naturelles, telles sont les règles du commerce équitable en matière d'environnement. Concrètement, les coopératives doivent diminuer, voire abandonner, l'utilisation d'engrais chimiques et de pesticides de synthèse, maintenir et améliorer la fertilité des sols en favorisant la polyculture, lutter contre l'érosion des sols par la reforestation, préserver les ressources en eau. En outre, elles sont encouragées à développer la culture biologique. La grande majorité des petits producteurs qui participent aux filières équitables travaillent selon des méthodes traditionnelles et naturelles, mais la certification « biologique » répond à des impératifs précis et engage des coûts importants. Le système Max Havelaar octroie donc une prime pour la culture biologique (15 $ pour 100 livres de café, par exemple).

Enfin, le commerce équitable implique que soit fournie, dans les pays du Nord, une information qui permette au consommateur d'effectuer un achat réfléchi et responsable favorisant l'échange culturel et le respect mutuel avec le producteur.

La charte de la Plate-forme française pour le commerce équitable

En 1997, les principaux acteurs du commerce équitable œuvrant en France se sont réunis en créant la Plate-forme française pour le commerce équitable (PFCE). Celle-ci a élaboré une charte définissant le cadre du commerce équitable autour de laquelle se retrouvent ses acteurs (Alter Eco, Andines, Artisal, Artisanat Sel, Artisans du Soleil, Aspal, Azimut, Bouthique Ethic, CCFD, commercequitable.com, Fédération Artisans du monde, Ingénieurs sans frontières, Max Havelaar France, Sira Kura, Solidar'Monde, Ti arbed, Yamana) et ses sympathisants (Anima'Fac, Chrétiens en monde rural, Echoppe, Handicap international, Ligue française de l'enseignement et de l'éducation permanente).

Les principaux engagements de la charte

Le commerce équitable doit être :

1. Solidaire. Il doit faire travailler en priorité les producteurs les plus défavorisés dans une approche solidaire et de développement durable.
2. Juste. Le prix doit être défini de manière contractuelle en accord avec le producteur. Le prix doit garantir au producteur une rémunération juste, et prendre en compte ses besoins et ceux de sa famille en terme de formation, de santé et de protection sociale.
3. Direct. La relation la plus directe possible doit s'instaurer entre le producteur et le consommateur afin de maximiser la marge du producteur.
4. Transparent. La filière équitable doit fournir une information totale sur le producteur et les produits (leur origine et leur parcours), ce qui implique un contrôle à chaque étape du processus.
5. Digne. Garantir un salaire et des conditions de travail décentes aux salariés dans toutes les étapes de fabrication du produit, c'est aussi ce à quoi s'engage le commerce équitable. Il veille en particulier à l'hygiène, à la sécurité et aux horaires de travail. Naturellement, toute forme d'esclavage ou de travail forcé est interdite.

(Source : Plate-forme pour le commerce équitable.)

L'origine du label Max Havelaar

Max Havelaar est le héros inventé par Eduard Douwes Dekker sous le pseudonyme de Multatuli (« J'ai beaucoup souffert » en latin) dans son roman paru en 1860 aux Pays-Bas : *Max Havelaar ou les ventes de café de la Compa-*

gnie commerciale des Pays-Bas. Cet ouvrage est le premier à dénoncer le système commercial injuste qui accable à l'époque 30 millions de Javanais, l'Indonésie étant alors une colonie néerlandaise. Max Havelaar, un négociant en café, y mène une lutte passionnée pour la défense des droits des populations locales.

L'œuvre est en partie autobiographique. De fait, Eduard Douwes Dekker (1820-1887), qui fut administrateur colonial pour le gouvernement néerlandais en Insulinde, vécut dans les colonies néerlandaises dès l'âge de 18 ans. Il y combattit sans succès les injustices qui y régnaient et décida de démissionner. Il regagna l'Europe, où il rédigea son pamphlet en prenant fait et cause pour les petits cultivateurs de Java.

« Ils sont rares, très rares, les Européens qui ne croient pas inutile de condescendre à observer les émotions de ces outils à produire le café ou le sucre que l'on nomme "indigènes" », n'hésite-t-il pas à écrire. Cette dénonciation radicale, vibrant plaidoyer pour la libération des peuples, eut aux Pays-Bas un retentissement teinté de scandale, et Eduard Douwes Dekker devint une cible de choix pour les conservateurs. Mais le roman ne resta pas sans effets. La polémique fut telle qu'en 1870, on entama la suppression progressive du « système des cultures », remplacé par un système de travail libre. L'Administration néerlandaise des Indes se mit peu à peu à opérer plus activement sur le plan social. Vers la fin du XIXe siècle, une nouvelle tendance – la politique éthique – se diffusa aux Pays-Bas avec une idée maîtresse : en administrant les colonies, il fallait donner aux intérêts de la population autochtone la priorité sur les intérêts de la métropole. Le roman d'Eduard Douwes Dekker est devenu un classique de la littérature anticolonialiste, et son héros est très populaire aux Pays-Bas. (À lire : Multatuli, *Max Havelaar ou les ventes de café de la Compagnie commerciale des Pays-Bas*, Arles, Babel, 1991.)

L'histoire des fondateurs

Les Pays-Bas ont joué un rôle de pionniers. C'est en 1988 qu'y apparut, sur des paquets de café, le label Max Havelaar. Il ne s'agissait pas d'une marque, mais de l'authentification d'un produit répondant aux strictes normes du commerce équitable depuis son point de départ, en Colombie ou en Ouganda, jusqu'à la grande surface européenne où il était vendu, en passant par le torréfacteur.

Aujourd'hui, ce label est présent dans plus de 50 000 points de vente de 17 pays dans le monde : Allemagne, Autriche, Belgique, Canada, Danemark, Finlande, France, Grande-Bretagne, Italie, Irlande, Japon, Luxembourg, Norvège, Pays-Bas, Suède, Suisse, États-Unis. Outre le café, le label est apposé sur toute une gamme de produits : le chocolat, le thé, le miel, le sucre, les bananes, le jus d'orange, les mangues et le riz. Suivant les pays, son nom peut changer – Fairtrade en Irlande et au Royaume-Uni, Transfair en Allemagne, en Autriche, au Luxembourg et en Italie, Max Havelaar aux Pays-Bas, en Belgique, en France, au Danemark, en Suisse, etc. –, mais derrière se cache en fait la même structure internationale de certification.

Les Hollandais Nico Roozen et Frans van der Hoff, fondateurs de Max Havelaar, ont raconté la genèse de cette organisation non gouvernementale dans un livre, *L'Aventure du commerce équitable, une alternative à la mondialisation* (J.-C. Lattès, 2002). Quand ils se rencontrent en 1985, chacun de son côté est déjà engagé dans un combat contre la pauvreté. Frans van der Hoff est prêtre-ouvrier et mène, depuis 1980, une vie de paysan au Mexique. Il y travaille parmi les pauvres dans les montagnes du sud du pays, et y défend les Indiens producteurs de café. Quant à Nico Roozen, il travaille à Utrecht aux Pays-Bas pour l'ONG Solidaridad, un organisme œcuménique d'aide au développement pour l'Amérique latine. Chacun agit dans l'une des deux parties du monde : les pays pauvres au sud, les pays développés au nord.

En 1986, une coopérative de petits producteurs de café de la région du Chiapas, au Mexique, demande à Solidaridad de l'aider à combattre les deux principales causes de sa précarité : la toute-puissance des intermédiaires locaux et les variations imprévisibles des cours de la Bourse. Leur requête ? Accéder directement aux marchés internationaux tout en étant payés un prix « juste ». « Nous ne voulons pas de vos dons, nous ne sommes pas des mendiants, disent-ils aux Occidentaux. Payez-nous notre café à un prix juste et nous n'aurons plus besoin de votre aide. » Ce sont donc ces paysans qui mettent le doigt sur le nœud du problème.

Leur appel est entendu par Nico Roozen et Frans van der Hoff. Ensemble, ils remettent en question la manière dont le problème de la pauvreté a été traité jusque-là. Ils réfléchissent au moyen de rompre avec le modèle existant, où le Nord se pose en généreux donateur face au Sud reconnaissant. Ils réfléchissent à une nouvelle alliance entre producteurs et consommateurs.

Pour eux, en effet, le don et l'aide au développement ne sont plus des solutions. « Le problème de l'aide au développement, c'est qu'elle est fondée sur l'inégalité », écrit Nico Roozen dans *L'Aventure du commerce équitable*. « Ce type d'aide, même si elle est accordée avec les meilleures intentions du monde, prive le bénéficiaire de sa dignité en le condamnant à la passivité. De plus, l'argent facile des dons casse la dynamique sociale des communautés et engendre une nouvelle forme de dépendance. Nous voulons en finir avec ce genre de relations. Il faut instaurer des rapports d'égalité entre le Nord et le Sud. »

Organiser l'économie sur une base égalitaire

Pendant deux ans, des discussions sont menées avec les directeurs de la deuxième entreprise de café au monde. Leur réaction est positive, mais ils estiment que dans un contexte de forte compétitivité, il leur est impossible de payer la matière première plus chère que leurs concurrents. Nico Roozen décide d'ouvrir une niche sur le marché où cela serait possible. Il part du principe que certains consommateurs sont prêts à payer un prix plus élevé s'ils savent comment le café qu'ils choisissent est produit et à qui leurs achats profitent. « Si le café est bon et si le consommateur sait qu'il est commercialisé dans des conditions correctes, il acceptera sûrement de payer un peu plus », observe Nico Roozen.

L'économie équitable devra être organisée de façon à offrir un revenu décent au producteur et à respecter l'environnement. Il faudra donc convaincre le consommateur des pays du Nord d'en payer le prix. S'il est prêt à verser quelques dizaines de centimes de plus pour un paquet de café, la vie des paysans sera transformée. Il faut aussi que le consommateur puisse trouver ce café « équitable » facilement en magasin. Le café « éthique » était jusqu'à présent en vente seulement dans des magasins spécialisés ; de petites quantités de café étaient vendues à un nombre restreint de consommateurs déjà sensibilisés au problème.

La solution, c'est l'ouverture sur le circuit de distribution traditionnel, en lançant un label de qualité « équitable » qui pourrait servir à différents distributeurs. C'est le principe fondateur de Max Havelaar. Dans ce cadre, les torréfacteurs seraient responsables de l'achat, de la vente, de la qualité du produit, et auraient leurs propres intérêts commerciaux. En retour, le label garantirait au consommateur un produit commercialisé dans des conditions correctes.

Le label Max Havelaar

En 1988, c'est la naissance de l'association Max Havelaar, une organisation non gouvernementale au nom chargé d'histoire. Elle propose un concept de développement nouveau puisque, pour la première fois, des produits du commerce équitable, reconnaissables grâce au label, font leur entrée dans le commerce traditionnel. Tout citoyen peut facilement y avoir accès. En choisissant le nom Max Havelaar, ses fondateurs se posent ainsi en dignes héritiers d'Eduard Douwes Dekker.

Pour des raisons techniques et politiques, Max Havelaar préfère se constituer en label plutôt que de créer une nouvelle marque. Ainsi, plusieurs marques et entreprises peuvent s'engager à ses côtés en répondant aux conditions strictes établies par l'organisation. Elles peuvent alors apposer le label sur leurs produits, et les quantités vendues sont démultipliées.

Dans *Cinq histoires pour changer le monde (sans trop se raconter d'histoires)*, Véronique Léna décrit le principe de Max Havelaar comme une « stratégie gagnant-gagnant entre producteurs, transformateurs, distributeurs et clients ». Il ne s'agit plus d'envoyer de l'argent à des producteurs de café, mais de leur permettre de bénéficier, pour leur travail, de prix décents. En outre, alors que le commerce équitable tel qu'il existait depuis les années 1960 restait parallèle au système classique, la politique de labellisation « commerce équitable » développée par Roozen et Van der Hoff implique le monde des affaires traditionnel, seul capable d'offrir des débouchés conséquents. L'ensemble des acteurs économiques traditionnels (importateurs, torréfacteurs, distributeurs) prend place dans cette nouvelle chaîne équitable. La règle est simple : tous coopèrent, et chacun doit être gagnant dans l'affaire.

Interview

Philippe Galinou, président de Max Havelaar France :
« En toute rigueur, plus que de “commerce” équitable, il vaudrait mieux parler de “développement équitable”, car avec le réseau Max Havelaar, l'essentiel des efforts porte sur les producteurs, et les travailleurs pour certaines filières de produits. Il s'agit d'imposer aux acteurs économiques classiques de nouveaux interlocuteurs qui représentent les catégories les plus marginalisées et qui, jusqu'ici, étaient exclus du marché mondial. Les augmentations de revenus ou de salaires, consécutives aux garanties de prix et à de meilleures conditions de travail, procurent de l'argent générateur d'auto-développement.
Il ne s'agit plus de ‘“subventionner” mais de reconnaître, dans les termes d'un contrat commercial, la qualité du travail des personnes impliquées. C'est une remise en cause explicite d'un système commercial basé sur “la traite” (on parle encore de la traite du café !), en fait sur la spéculation et la loi du plus fort ou du mieux informé. »

Après deux ans de négociation avec les acteurs économiques et de mise en place du système de labellisation (définition des critères et des modalités de contrôle), le premier café au label Max Havelaar apparaît dans les rayons hollandais, non sans mal, en 1988.

L'ONG a dû se battre bec et ongles contre de grosses chaînes de distribution qui, disaient-elles, ne voulaient pas de politique dans les rayons! Mais sous la pression de l'opinion publique et des médias, le café labellisé s'impose jusque chez ces mastodontes commerciaux, au départ très rétifs.

Le succès est immédiat. En quelques semaines, la part de marché dépasse les 2 %. Progressivement, des expériences similaires se mettent en place dans les pays voisins, certaines en association avec le pionnier, Max Havelaar Hollande, d'autres par la création d'un système propre, et de nouvelles filières sont investies (café, miel, cacao, thé, banane...). En 1997, trois systèmes de certification existent : Max Havelaar, Transfair et Fairtrade. Toutefois, cette dispersion des forces voit rapidement ses limites : des collaborations rendraient plus efficace l'action menée, et une unité permettrait une plus grande crédibilité du système auprès des consommateurs, des pouvoirs publics et des entreprises. C'est le début d'un processus qui aboutira à l'unification des ces trois systèmes et à la création d'une structure centralisée regroupant 17 associations nationales : Flo International (Fairtrade Labelling Organisations International). Un logo international commun est créé, qui vient en 2003 remplacer les 7 logos nationaux qui existaient jusque-là en Europe.

Max Havelaar en pratique

Max Havelaar n'est pas une marque mais un label qui authentifie un produit répondant aux strictes normes du commerce équitable. Il va sans dire que la qualité des produits représente un critère fondamental auquel doivent répondre les producteurs adhérant aux principes de Max Havelaar. En effet, aucun consommateur n'achètera un produit s'il n'est pas bon, sous prétexte qu'il fait un geste pour le tiers-monde.

Max Havelaar n'intervient pas dans la commercialisation. L'association ne vend ni n'achète de produits. C'est une structure indépendante. Son objectif est d'informer et de sensibiliser au commerce équitable les industriels d'une filière ainsi que les consommateurs individuels et collectifs (entreprises, universités, mairies). L'association établit un dialogue permanent entre petits producteurs du Sud et professionnels du Nord.

Max Havelaar promeut un développement durable. L'objectif de l'association est de soutenir les producteurs des pays du Sud par des pratiques commerciales plus équitables. Ces dernières visent à leur assurer un prix décent pour leur récolte, à améliorer leurs conditions de travail, à favoriser les projets communautaires (centre de santé, école…) ou encore à renforcer les organisations de producteurs.

Max Havelaar ne pouvait instaurer des critères sociaux sans tenir compte des questions de santé des producteurs et des questions d'environnement. C'est pourquoi l'association met l'accent sur l'utilisation de techniques de production respectant les écosystèmes spécifiques et contribuant à la conservation et à l'utilisation raisonnable des ressources naturelles. Max Havelaar veille à l'utilisation minimale, voire à l'abandon total des produits chimiques, et encourage la culture biologique.

L'obtention du label Max Havelaar répond à des critères très précis qui engagent tous les acteurs économiques. Ces critères sont regroupés dans un cahier des charges et font l'objet d'un contrôle rigoureux et permanent.

Les principales activités de l'organisation

Le système international Flo-Max Havelaar assure trois fonctions complémentaires qui, selon les cas, sont mises en œuvre au niveau international (Flo) ou au niveau national (Max Havelaar France, par exemple).

Le système joue tout d'abord un rôle de médiateur entre producteurs du Sud et acteurs économiques du Nord. Il appuie les producteurs dans leurs démarches de commercialisation, les informe sur les différents marchés et les conseille sur les produits demandés par les consommateurs en les encourageant à rechercher la qualité.

Il joue également un rôle de certification : définition des standards, puis contrôle et décision de certification. En pratique, une commission indépendante internationale composée de représentants de producteurs, d'associations nationales (telles que Max Havelaar France) et de représentants d'acteurs économiques définit les standards. Ceux-ci doivent être déterminés pour chaque type de produit afin d'optimiser l'impact du commerce équitable pour les bénéficiaires. En effet, il faut établir des prix minimaux qui sont différents suivant les produits. En outre, la situation vécue par les producteurs peut grandement varier selon les cas. Par exemple, le producteur de café ou de cacao est confronté principalement à la faiblesse des prix mondiaux et à la dépendance des intermédiaires, alors qu'un travailleur produisant des bananes souffre avant tout de conditions de travail extrêmement pénibles et dangereuses (les salariés devenus stériles du fait de l'utilisation de produits chimiques nocifs se comptent par centaines de milliers).

Ensuite, une unité indépendante de la première assure les contrôles sur l'ensemble de la chaîne, du producteur au fabriquant, voire au distributeur.

Ces contrôles sont menés par une quarantaine d'inspecteurs présents sur place, dans chacun des pays concernés. Ils s'assurent que les organisations bénéficiaires respectent leurs engagements et, notamment, que l'utilisation des fonds supplémentaires obtenus grâce au commerce équitable a été décidée démocratiquement et sert réellement au bien de la communauté dans son ensemble. Des contrôles sont aussi exercés auprès des acteurs économiques (importateurs, industriels, transformateurs...). Dans une tablette de chocolat équitable, par exemple, il

LE SYSTÈME INTERNATIONAL DE CERTIFICATION

CERTIFICATION

1. Définition des standards commerciaux et de production
Comité composé de repésentants de producteurs, acteurs économiques, initiatives nationales

2. Inspections et audits
- Inspection des coopératives et plantations : 40 personnes
- Audit des importateurs
- Contrôle des flux

3. Décision de certification
Comité multipartite

APPUI AUX PRODUCTEURS

1. Appui à la commercialisation
- Analyse des marchés et des productions
- Conseil aux organisations de producteurs

2. Bureaux régionaux au Sud
Accompagnement des producteurs

3. Appui au renforcement des organisations de producteurs
- Mise en relation avec des ONG à même de répondre à leurs besoins : qualité,commercialisation, gestion, respect des exigences de FLO…
- Appui à des rencontres bi-annuelles par continent

4. Développement de nouvelles filières

FLO International (Fairtrade Labelling Organizations)

Améliorer les conditions de vie des producteurs défavorisés grâce à un commerce équitable

MAX HAVELAAR

17 associations nationales (ex. : Max Havelaar France)

CERTIFICATION

Audits des concessionnaires
(entreprises nationales étant impliquées dans la démarche)
- Déclarations trimestrielles
- Contrôles physiques annuels

Comité de contrôle
Décision d'agrément ou de renouvellement

INFORMATION ET SENSIBILISATION

- Sensibilisation sur les conditions de vie des producteurs
- Information sur le commerce équitable et son impact
- Promotion du label

APPUI AUX PRODUCTEURS

- Mise en relation producteurs-industriels
- Information sur le marché français
- Développement de nouvelles filières

faut vérifier que 100 % du cacao et du sucre ont été achetés aux conditions du commerce équitable. Ces contrôles sont effectués sous la responsabilité de chaque association nationale.

Enfin, les différentes associations nationales ont une troisième mission : sensibiliser le grand public aux enjeux Nord-Sud et assurer la promotion du label du commerce équitable, qui garantit aux consommateurs que les produits le portant répondent bien aux critères du commerce équitable.

Des engagements réciproques

L'association garantit un prix minimum d'achat qui doit couvrir au moins les coûts de production et assurer un revenu décent au producteur; une prime de développement (pour le café, elle est de 5 UScents par livre) destinée aux coopératives ou aux organisations de travailleurs pour des investissements collectifs de type social (construction d'écoles, de centres de santé, paiement de professeurs...) ou de développement économique (construction de routes, mise en place de formations, création de caisses de crédit, investissements visant l'amélioration de la qualité de la production...); un préfinancement des récoltes qui permet d'éviter aux producteurs de s'endetter; un partenariat sur le long terme.

Au final, il s'agit d'accroître le pouvoir et les compétences des producteurs, qui sont en meilleure position pour agir sur leur propre vie et dans le cadre de leurs négociations commerciales ou financières.

De leur côté, ces derniers s'engagent à un fonctionnement démocratique (décision communautaire de l'utilisation de la prime de développement, absence de

La situation en France

Le chiffre d'affaires des produits équitables en France représentait moins de 5 % du chiffre d'affaires européen en 2001. Notre pays affiche un net retard : la consommation de café « équitable » s'élevait en 2002 à 0,4 € par habitant contre plus de 2 € aux Pays-Bas et 7 € en Suisse. En d'autres termes, la consommation des Français est dix-huit fois inférieure à celle des Suisses. Pourtant, elle connaît une croissance continue et importante. En 2002, 1 400 tonnes de café équitable – représentant près de 1 % de parts de marché – ont été vendues en France, contre 945 en 2001. Le chiffre d'affaires des produits labellisés atteignait 20,4 millions d'euros en 2002 contre 11,8 en 2001, soit une progression de 73 %.

Sept grandes enseignes sont engagées au niveau national : Auchan, Atac, Carrefour, Continent-Monoprix, Prisunic, Match.

Max Havelaar était présent dans les supermarchés avec quelque 132 saveurs équitables en décembre 2002 : 58 cafés, 66 thés, 2 références de bananes, 2 références de sucre roux, 6 références de produits chocolatés, 1 pour le jus d'orange, 1 pour le miel, 2 pour le riz. En 2003, 3 500 magasins proposent du café labellisé contre 450 en janvier 1999.

La quasi-totalité des hypermarchés ont en rayon au moins un produit labellisé. En ce qui concerne les supermarchés, moins de un sur deux est engagé dans la diffusion de produits du commerce équitable.

Max Havelaar France est financé d'une part par des fonds publics français et européens, d'autre part par un « droit de label » perçu sur les produits vendus. Cet argent sert au fonctionnement de l'organisation et au financement des contrôles.

Max Havelaar France emploie 16 salariés et plusieurs centaines de bénévoles.

Max Havelaar France : www.maxhavelaarfrance.org

discrimination politique, raciale, religieuse ou culturelle, juste rétribution de tous les salariés), à faire preuve de transparence (ils acceptent de se soumettre à des contrôles financiers, structurels et organisationnels) et à protéger l'environnement (ils doivent adopter des méthodes de culture et de transformation respectueuses de l'environnement). Les coopératives doivent rester ouvertes à l'affiliation de nouveaux membres.

Il est à noter que ce n'est pas Max Havelaar qui détermine la façon dont le surplus financier sera utilisé, mais les organisations de producteurs, qui le font en fonction de leurs besoins et de manière démocratique.

Dans le cas d'entreprises faisant appel à une main-d'œuvre salariée (dans les plantations de thé, d'oranges ou de bananes, notamment), celles-ci doivent s'assurer que les principales règles de l'Organisation internationale du travail sont respectées (non-discrimination, refus de l'esclavage et du travail des enfants, santé et sécurité au travail). Les salariés reçoivent un salaire décent permettant de faire vivre leur famille et sont regroupés en syndicats ou dans des organisations de salariés. Ce sont ces organisations qui reçoivent la prime de développement et décident de son utilisation.

Le bilan de Max Havelaar aujourd'hui

Plus de 800 000 familles dans le monde, soit plus de 5 millions de personnes, bénéficient du système Max Havelaar, en Amérique latine, en Afrique et en Asie. Soixante-quinze pour cent de la consommation équitable européenne concernent des produits labellisés.

La méthode Max Havelaar est efficace pour tous les produits primaires. Neuf sont concernés : le café, le thé, le cacao, le sucre, la banane, le miel, le jus d'orange, le riz et la mangue. D'autres produits sont en cours d'étude, aussi bien alimentaires (ananas, fruits secs, poisson...) que non alimentaires (ballons de football et textile, par exemple, dont les lancements respectifs sont prévus en 2004 et 2005).

Sur le plan mondial, le chiffre d'affaires des produits labellisés Max Havelaar était de 248 millions d'euros en 2001. Il progresse de 15 % à 20 % par an. Les parts de marché de Max Havelaar pour le café sont de 2,7 % en Hollande, 5 % en Suisse, 2 % au Danemark, 1 % en France (source : Véronique Léna, *Cinq histoires pour changer le monde*). L'objectif avoué est d'accélérer la progression, de couvrir d'ici 5 ans une trentaine de produits et d'atteindre un chiffre d'affaires de 1 milliard d'euros.

Témoignages

L'apport du commerce équitable

José Rodriguez, producteur de café en République Dominicaine, membre de Conacado, la Fédération nationale des producteurs de cacao de République Dominicaine qui travaille avec Max Havelaar : « Grâce au commerce équitable, nous pouvons faire davantage de bénéfices. Nous pouvons mieux nous défendre car les marchands locaux nous traitent mal et gagnent beaucoup d'argent à nos dépens. Le système Max Havelaar nous permet de survivre et de continuer à investir, même si une maladie survient. Ma femme a été suivie par des médecins pendant vingt-six ans et doit toujours prendre des médicaments. La Fédération a acheté des terres sur lesquelles le gouvernement a construit une clinique ouverte à tous gratuitement, avec un médecin que l'on peut voir tous les jours. Ma vie n'est pas facile. Je ne suis pas quelqu'un qui court après l'argent. Je veux simplement que chacun ait les moyens d'avoir une vie décente. Pas seulement dans ce pays, mais partout où les gens veulent vivre dignement. Chacun doit avoir la possibilité de vivre, de se développer et de produire. »

Librado Andujar Vargas, producteur de bananes en République Dominicaine, président de la coopérative Finca 6 : « Nous produisons des bananes équitables et nous avons pu créer plusieurs projets : fabrication d'une machine à empaqueter, amélioration des chemins, financement du transport scolaire des enfants et, depuis 2000, assurance médicale en vigueur. Je voudrais dire aussi que la qualité de nos bananes est excellente et qu'il faut que les Européens les achètent car elles nous sont payées à un bon prix, qui couvre au minimum nos frais de production. »

Les retombées sur l'environnement

La coopérative Montes de Oro, au nord-ouest du Costa Rica, a réussi un tour de force en matière d'énergie renouvelable. Grâce à la prime de développement accordée par Max Havelaar, elle a pu investir 60 000 $ dans un séchoir solaire à café – une première mondiale en matière d'énergie renouvelable. En abandonnant le séchage au bois, ce système permet de freiner la déforestation et l'émission de dioxyde de carbone dans l'atmosphère. Pour cette initiative, Montes de Oro s'est vue octroyer le « drapeau bleu écologique » par le ministère de l'Environnement et de l'Énergie du Costa Rica.

L'Inde, où les engrais naturels sont désormais utilisés au Darjeeling, apporte un autre exemple des effets bénéfiques du commerce équitable sur l'environnement. Depuis qu'elle participe au système Max Havelaar, la plantation de thé Makaibari a pu élaborer un programme de substitution des engrais chimiques. D'une part une caisse de crédits a été créée pour les travailleurs, destinée à l'achat de vaches dont le fumier est utilisé comme engrais biologique, d'autre part des installations individuelles en bio-gaz ont été réalisées, qui réduisent la consommation en bois et produisent un engrais naturel utilisable pour la culture du thé.

L'avancée des droits des femmes

Une coopérative d'Amérique Latine, d'Afrique ou d'Asie dirigée par une femme, c'est encore l'exception. Pourtant, les exemples ne manquent pas dans le cadre du commerce équitable. Ainsi, depuis l'an 2000, Deris Ariza dirige en Colombie une coopérative de 226 petits agriculteurs produisant presque exclusivement des bananes, quoique la société colombienne soit encore, à bien des égards, une société d'hommes. « Au début, j'ai dû faire face à des résistances, étant la seule femme du comité de direction et, qui plus est, présidente de celui-ci. Mais mes compagnons ont fini par s'apercevoir que mes idées tenaient la route. En plus, comme j'ai de bonnes aptitudes pour la gestion, j'ai assez vite gagné l'estime de tous les membres. »

Au Costa Rica, Flor Sequeira, membre de la coopérative Coopeldos, explique : « Il y a sept ans, aucune femme n'adhérait à la coopérative où était mon mari. Il me racontait ce qui se disait lors des assemblées, mais je voulais en savoir plus. Les femmes doivent avoir droit à la parole. J'ai appris qu'une coopérative fonctionnant sur le principe du commerce équitable était statutairement ouverte à tout nouveau membre sans discrimination. Je suis alors devenue membre à part entière. Aujourd'hui, d'autre femmes ont suivi mon exemple, et nous représentons 20 % des membres. Je dirige aussi le comité d'éducation qui est financé par la prime au développement et qui alloue des bourses scolaires. »

Chapitre 3

Acheter des produits du commerce équitable

Pour le consommateur qui souhaite apporter sa pierre à l'édifice du commerce équitable, plusieurs questions pratiques se posent : où et comment acheter « équitable », à quel prix, quels produits, etc. L'assurance que son geste sera efficace est aussi un point crucial.

Où trouver des produits du commerce équitable

Plusieurs solutions s'offrent au consommateur soucieux de devenir actif dans l'amélioration des relations Nord-Sud, d'autant qu'il existe deux filières pour une même démarche : les 3 500 points de vente ayant en rayon les produits labellisés Max Havelaar et les boutiques équitables.

Les circuits classiques

Le consommateur peut d'abord traquer les produits portant le label « Max Havelaar » dans son hyper ou son supermarché habituels. Ce label est pour lui la garantie que le produit qui le porte a été commercialisé selon les règles du commerce équitable.

La quasi-totalité des hypermarchés proposent aujourd'hui au moins un produit labellisé : le café. Certaines enseignes sont davantage engagées avec plusieurs produits en rayon. C'est le cas de Leclerc et Auchan qui, outre du café à leur marque (Repère bio village et Auchan), vendent d'autres marques de café et du thé (ainsi que du chocolat et du miel pour Leclerc), ou de Cora, qui prévoit le lancement d'une gamme complète pour avril 2003 (café, thé, jus de fruit, bananes, sucre, miel). Quant aux supermarchés, un peu moins de 50 % d'entre eux proposent des produits labellisés. La palme revient à Monoprix qui, depuis 1999, est l'enseigne la plus mobilisée sur le commerce équitable : dans les magasins les plus grands de cette enseigne, on trouve 3 à 6 cafés de marques différentes (dont 2 de la marque Monoprix bio), jusqu'à 7 pour le chocolat en tablettes, 3 thés différents, des bananes, du miel, du sucre et du jus d'orange.

La mobilisation des enseignes et des directeurs de magasins est lente. Elle dépend souvent de la demande : le consommateur dispose d'un pouvoir qu'en général, il ne soupçonne pas. La demande répétée de quelques clients (à travers les cahiers ou fiches de suggestion/réclamation disponibles dans tous les magasins) a permis dans bien des cas de voir apparaître des produits labellisés dans les rayons.

Quant aux magasins de proximité, il est rare de pouvoir y trouver aujourd'hui des produits du commerce équitable, à l'exception notable des magasins de produits biologiques qui en proposent souvent 2 ou 3. Les points de vente du réseau Biocoop se détachent : ils vendent une gamme complète de produits labellisés Max Havelaar, y compris des bananes, grâce auxquelles ils ont été, dès novembre 2001, les premiers à proposer des fruits frais équitables en France.

Les boutiques spécialisées

Le second volet du commerce équitable est constitué par des boutiques qui vendent exclusivement des produits issus de la filière commerciale « alternative » : vêtements, produits artisanaux… Le réseau le plus connu est bien sûr Artisans du monde, une association de solidarité internationale qui jouit de près de 30 ans d'expérience. Artisans du monde est le pionnier du commerce équitable en

La première boutique Artisans du monde

Boutic Ethic : toutes les couleurs du monde

France. En 1974, la première boutique ouvre rue de Rochechouart à Paris et met en pratique le slogan *Trade, not aid*, « Du commerce, pas de l'aide ». Les boutiques sont aussi des lieux sociaux, animés par des bénévoles, et elles bénéficient d'une immense sympathie de la part du grand public.

Artisans du monde vend des produits de consommation courante – thé, café, chocolat, sucre, miel, confitures, mais aussi riz, couscous, huile ou olives –, tous commercialisés suivant les critères du commerce équitable. Le réseau vend aussi beaucoup d'artisanat : textiles, objets décoratifs, instruments de musique, vaisselle… Aujourd'hui, il compte 95 boutiques (voir le site www.artisansdumonde.org).

La diversité des produits du commerce équitable

Il existe de nombreuses autres boutiques équitables en France. Citons, par exemple, Artisans du soleil, à Paris et à Angers, spécialisé dans les produits africains ; La Compagnie du Sénégal et de l'Afrique de l'Ouest (www.csao.fr), qui diffuse de l'artisanat africain ; Boutic Ethic, spécialiste de l'artisanat africain et asiatique (www.bouticethic.com). La liste de ces boutiques est disponible à la Plate-forme française pour le commerce équitable (www.commercequitable.org).

La vente à distance

Il est encore possible de se procurer ces produits par correspondance, grâce à l'association Artisanat-Sel, et par l'Internet : www.commerce-solidaire.com, www.gastronomy.fr (livraisons en France et en Europe) de même que www.panierfermier.com (livraisons à Rennes et dans les environs) vendent les produits labellisés Max Havelaar. Malongo utilise ces deux modes de vente (correspondance en composant le 0825 000 123, et Internet en tapant www.malongo.com). Par ailleurs, des produits bio, des objets décoratifs et des produits locaux tels des huiles essentielles ou des sacs en cuir sont en vente sur le site www.commercequitable.com. Sur www.andines.com, on trouve 1 000 produits alimentaires et artisanaux issus du commerce équitable provenant de 14 pays. Le site www.commerce-solidaire.com regroupe les produits commercialisés par Andines, Artisanat-Sel, Azimuts-Artisans du Népal (des vêtements fabriqués au Népal selon les critères du commerce équitables) et Artisal (artisanat d'Amérique latine).

Les entreprises et les collectivités locales

De plus en plus d'entreprises se fournissent en produits du commerce équitable : café (y compris pour les distributeurs automatiques), chocolat, thé, riz ou jus d'orange. Elles décident de s'orienter vers une consommation équitable souvent sur proposition de leurs salariés. Quant à la cinquantaine de collectivités locales engagées (municipalités, conseils généraux, régionaux, etc.) et aux institutions (sénat, assemblée nationale, Matignon, Élysée), il s'agit surtout de choix politiques montrant l'importance qu'accordent les élus à cette nouvelle forme de consommation citoyenne.

Les produits équitables sont-ils plus chers ?

Déterminer un prix juste

Dans le commerce classique, la recherche du prix le plus compétitif par les multinationales a des effets dramatiques tant pour les travailleurs que pour l'environnement : exploitation de la misère humaine, travail des enfants, conditions de vie sur les plantations et dans les usines s'apparentant à de l'esclavage moderne pour les uns, rejet de produits nocifs dans la nature, épuisement des ressources naturelles pour l'autre.

Face à cette situation, le commerce équitable propose un prix satisfaisant tant pour le producteur que pour le consommateur : ce dernier paie alors à prix juste les productions de qualité des pays en développement. Les producteurs et les organisations du commerce équitable fixent ensemble un prix qui tient compte des besoins des premiers et de la réalité des marchés du Nord. Selon ces critères, le prix versé au producteur pour sa marchandise doit lui payer ses matières premières, ses moyens de production (outils et machines). Il doit aussi lui permettre de rémunérer son travail afin qu'il puisse subvenir aux besoins élémentaires de sa famille (accès à une alimentation correcte, aux soins, à l'éducation…), de préparer l'avenir (investissements, amélioration de la qualité, diversification de la production, renforcement des organisations et des compétences…) et enfin de répondre aux exigences des organisations du commerce équitable (fonctionnement démocratique et transparent, amélioration de la situation des salariés, de l'environnement…). Les organisations du commerce équitable, quant à elles, doivent parvenir à vendre leurs produits à des prix raisonnables.

Un consommateur français paie un produit équitable en moyenne 5 à 15 % plus cher qu'un produit issu de la filière classique. Mais, de son côté, le producteur voit ses revenus augmenter de 30 à 40 %, voire 200 à 400 % en cas d'effondrement des cours (situation vécue par les producteurs de café depuis 2001) !

La part du producteur dans le calcul du prix

Dans le commerce classique, le montant de l'achat au producteur entre pour un pourcentage minime dans la composition du prix d'un produit. Ce sont surtout l'emballage, le transport, les droits de douane, les intermédiaires, les importateurs et le distributeur qui coûtent cher.

Avec le commerce équitable, le lien entre le producteur et le consommateur doit être le plus direct possible. Max Havelaar aide par ailleurs les travailleurs à produire « de façon responsable et durable ». Cela suppose évidemment des coûts sociaux et économiques pour gérer les coopéra-

tives. Ainsi, une tasse de café Max Havelaar coûte en moyenne 1 centime d'euro de plus qu'un café ordinaire (à qualité égale). Cependant, le jeu en vaut la chandelle dans la mesure où le cultivateur voit ses revenus augmenter, on l'a dit, dans des proportions spectaculaires.

Cela vaut donc la peine de faire un petit geste solidaire ici, au Nord, quand on sait qu'il engendrera de gros effets là-bas, au Sud.

Quelle qualité pour les produits équitables ?

La qualité est une préoccupation permanente de Max Havelaar et des industriels. Le café, produit phare du commerce équitable, l'illustre à travers des exemples éclatants comme celui de Malongo, l'un des spécialistes mondiaux du café haut de gamme, le premier importateur européen de Blue Mountain de la Jamaïque, qui est pour certains le meilleur café au monde.

Filiale française du torréfacteur belge Rombouts, la Compagnie méditerranéenne des cafés, créée en 1934 à Nice, commercialise le café Malongo depuis 1939. Premier producteur français de café biologique, Malongo propose depuis 1999 un café moulu arabica issu de la culture de petits producteurs avec la garantie Max Havelaar.

La recherche de qualité a naturellement porté Malongo vers les conclusions mise en œuvre par l'organisme de labellisation. En effet, le torréfacteur pratiquait déjà des conditions analogues à celles définies par Max Havelaar avec des producteurs d'Amérique Centrale et d'Afrique. Par sa collaboration avec Max Havelaar, Malongo officialise sa démarche de respect du producteur. Conditionné en boîte métal sous vide, le café frappé du label du commerce équitable bénéficie d'une torréfaction artisanale traditionnelle.

On relève un même souci de qualité chez Méo, torréfacteur du nord de la France, dont une partie de la production est labellisée Max Havelaar. Son directeur, Gérard Méauxsoone, est très clair sur ce point : « En aidant les producteurs de café, nous allons dans le sens de l'amélioration de la qualité : ces derniers mettent plus de temps à trier les graines, soignent la maturation, font sécher le café plus longtemps », précise-t-il. Il souligne aussi : « L'arbitre, c'est le consommateur. Si le produit est mauvais, il cessera de l'acheter. Notre objectif est d'assurer la pérennité de ce type de café en améliorant sans cesse la qualité des articles vendus. »

Sur le terrain, les coopératives jouent un rôle essentiel auprès des producteurs : elles s'emploient à les convaincre qu'avec le commerce équitable – et à l'inverse de ce qu'il se passe avec les intermédiaires traditionnels –, la qualité est un élément fondamental de sélection du café. L'action continue d'information ou de formation des producteurs est cruciale. Par le prix payé, ces derniers sont motivés à apporter toute leur attention à la production dans toutes ses phases (plantation, traitement, suivi, récolte).

La garantie d'un achat utile

Les consommateurs sont exigeants. Quelles garanties ont-ils que les producteurs ont des conditions de vie et de travail meilleures, et que les producteurs perçoivent bien une juste rémunération ? Cette garantie est donnée par la certification équitable. Le label Max Havelaar, notamment, cherche constamment à accroître la transparence et améliorer la crédibilité du système de certification pour gagner et maintenir la confiance des consommateurs. En effet, nous l'avons vu (chapitre II), l'obtention du label répond à des conditions précises.

Dans les pays producteurs, Max Havelaar intervient à travers l'organisation Flo International (Fairtrade Labeling Organizations International) pour certifier les coopératives. Flo International chapeaute 17 pays impliqués dans la certification des produits équitables. Flo veille au respect des critères de base du commerce équitable. Ceux-ci sont regroupés dans un cahier des charges et font l'objet d'un contrôle rigoureux et permanent. Les inspecteurs de Flo se rendent régulièrement sur place pour s'assurer que tous les critères sont respectés.

À tous les niveaux de la filière équitable, une information totale doit pouvoir être fournie sur le producteur et les produits, entre autres en ce qui concerne leur origine et leur parcours. Le contrôle doit être accepté à chaque étape du processus. Chaque paquet de café peut être suivi depuis la coopérative où il a été produit jusqu'au consommateur final grâce aux contrôles réalisés. Les coopératives sont visitées annuellement. Le contrôle concerne le versement du prix minimum, l'utilisation de la prime de développement et le fonctionnement démocratique de la structure. Les importateurs et les transformateurs remettent des rapports trimestriels de leurs activités : quantité achetée, prix garanti, préfinancement des récoltes. Ces rapports sont confrontés aux déclarations des coopératives. Un audit est également réalisé annuellement par un consultant externe. En cas de non-respect des principes, l'agrément n'est pas renouvelé.

Forum de Flo International

Qui consomme équitable ?

Choisir les produits équitables est une tendance de fond chez les consommateurs occidentaux, de plus en plus sensibles aux conditions de vie des populations du Sud et au développement durable, en particulier depuis le sommet de la Terre à Rio en 1992. Ces consommateurs éclairés acceptent la mondialisation, mais souhaitent y intégrer le respect de l'équilibre social, économique et environnemental.

Max Havelaar en Europe...

... c'est :

- une expérience de plus de 15 ans ;
- 1,9 paquet de café vendu chaque seconde ;
- 2 kg de bananes vendus chaque seconde ;
- 9 catégories de produits labellisés : café, thé, cacao, sucre, miel, jus d'orange, banane, riz, mangues ;
- jusqu'à 20 % de parts de marché (pour les bananes en Suisse) ;
- 14 pays concernés : Allemagne, Autriche, Belgique, Danemark, Finlande, France, Grande-Bretagne, Irlande, Italie, Luxembourg, Norvège, Pays-Bas, Suède, Suisse ;
- un site web : www.fairtrade.net.

La vogue pour le commerce équitable fait partie d'un engouement plus général pour les produits authentiques, les cultures du monde et le rejet des marques perçues comme inéquitables. Preuve « officielle » de cette évolution des mœurs : la création en France d'un secrétariat d'État à l'Économie solidaire en 1999, remplacé en 2002 par le secrétariat d'État au Développement durable. Autre preuve : la notoriété croissante du commerce équitable. Selon un sondage Ipsos réalisé en octobre 2000, seuls 9 % des personnes interrogées en avait entendu parler. En novembre 2002, une sur trois avait répondu favorablement à la même question. Les cadres et les professions intermédiaires sont parmi les catégories qui connaissent le mieux le commerce équitable, ainsi que les plus de 35 ans.

Ces résultats sont à mettre en parallèle avec le désir accru des Français d'être solidaires : 64 % d'entre eux souhaitent connaître les conditions de fabrication des produits qu'ils achètent (66 % pour les femmes, 62 % pour les hommes), 73 % seraient influencés dans leurs achats par l'existence d'un label social (80 % pour les femmes,

65 % pour les hommes) et 58 % seraient prêts à payer plus cher (10 % plus cher en moyenne) un produit offrant des garanties sociales (62 % pour les femmes, 54 % pour les hommes). (Source : enquête réalisée en France auprès de 600 personnes, mars 2000, citée dans l'*Étude mondiale sur le commerce équitable*, Alter Eco, mai 2001.)

Chocolat au lait fourré de crème de noisettes
Chocolat au lait fourré de crème de noisettes
It's fair trade!
It's fair trade!
It's fair trade!
It's fair trade!
It's fair trade!
It's fair trade!
It's fair trade!

Partie II

LES PRODUITS PHARES DU COMMERCE ÉQUITABLE

En Europe, le label Max Havelaar concerne désormais 9 produits : café, thé, cacao, miel, jus d'orange, sucre, riz, mangues et bananes. Depuis 2003, les ballons de football, en test en Suède et en Italie, sont venus rejoindre la liste. Toutefois, les produits phares sont le thé, le cacao, la banane et, surtout, le café, sur lequel Max Havelaar s'est longtemps concentré pour ancrer la démarche du commerce équitable.

Chapitre 1

Le café labellisé

Plus de 20 millions de personnes dans plus de soixante-dix pays d'Amérique latine, d'Afrique et d'Asie dépendent de la production et du traitement du café. Pour beaucoup, le café est une source primordiale de devises ; il représente par exemple 80 % des exportations en valeur au Honduras. Des intermédiaires locaux, dénommés « coyotes » tant leur voracité rappelle celle de ces prédateurs, imposent leurs règles au marché.

En Bourse, un grain de café est revendu en moyenne douze fois du fait de la spéculation ; les fluctuations importantes des cours engendrent une instabilité des revenus et une grande insécurité. Il y a jusqu'à 10 intermédiaires entre le producteur et le consommateur final ; le circuit de commercialisation absorbe plus de 80 % de la valeur finale du produit. Au total, les petits producteurs sont démunis et contraints d'accepter des prix qui, bien souvent, ne couvrent pas leurs besoins élémentaires.

Depuis quelques décennies, les acteurs du commerce équitable, comme Max Havelaar, garantissent un prix minimum d'achat aux producteurs, des primes au développement et à l'agriculture biologique ainsi qu'un achat direct. Le prix proposé par les structures du commerce équitable correspond au double des cours du marché mondial actuel.

Un deuxième or noir

Le café est la deuxième matière première échangée au niveau mondial, après le pétrole. Il est cultivé par 5 millions de paysans de par le monde, et il fait vivre au total plus de 20 millions de personnes. Parmi les producteurs, 70 % sont dits « petits producteurs », c'est-à-dire qu'ils exploitent moins de 10 hectares.

Sa culture est pratiquée dans les pays émergents (Brésil et Colombie en tête, Mexique ensuite) ou dans les pays en développement (Côte-d'Ivoire, Éthiopie, Kenya, Rwanda, etc.). Ils ont été rejoints par le Vietnam qui, en quelques années, s'est taillé une belle part dans cette production. Il est devenu le deuxième producteur mondial, après le Brésil, en multipliant sa production par 30 en 15 ans.

Le café est la culture la plus importante pour le tiers-monde. Pour à peu près 10 pays, principalement en Afrique de l'Est, il est le premier produit d'exportation. Les économies de l'Ouganda, du Burundi, du Rwanda et de l'Éthiopie dépendent des exportations de café pour plus de la moitié de leurs échanges extérieurs. Le café est aussi l'épine dorsale de l'économie d'un certain nombre de pays d'Amérique centrale. Étant donné la nature imprévisible du marché du café, cette situation n'est pas saine. Remarquons que pour deux des plus grands producteurs de café au monde, le Brésil et la Colombie, le café joue un rôle relativement mineur. De fait, il représente moins de 10 % de leurs revenus à l'exportation.

Les pays importateurs sont les pays développés. Les plus gros consommateurs se trouvent au nord : 13 kg en

Finlande par personne et par an, plus de 9 kg en Norvège, contre 5,5 kg en moyenne en France.

Quatre multinationales contrôlent plus de la moitié de la production mondiale : Philip-Morris, qui détient Kraft-Jacob Suchard (propriétaire des marques Carte noire, Grand-mère, Infini, Jacques Vabre, Maxwell, Velours noir), Nestlé (Nescafé et Nespresso), Procter & Gamble et Sara Lee (Maison du café). Elles achètent, torréfient et vendent le café aux distributeurs des pays développés. En effet, les producteurs vendent rarement à l'international un café déjà torréfié, d'une part parce qu'ils ne disposent pas des ressources nécessaires pour procéder à cette opération, d'autre part parce que, pour des raisons techniques (problèmes de mélanges et de conservation, entre autres) et commerciales, il est plus aisé de torréfier le café sur le marché de consommation. Par ailleurs, le café vert est moins taxé à l'importation que le café torréfié, ce qui est une façon habile pour les pays développés de sauvegarder leurs intérêts.

Le café, jouet des spéculateurs

Coté en Bourse sur le marché des matières premières, le café est le jouet des spéculateurs. Les investisseurs peuvent en acheter des tonnes en une seconde, dès que des rumeurs font état de hausses probables des cours. Ainsi, dès que les aléas de la météo annoncent une faible récolte, donc une envolée des cours, des achats et ventes massifs ont lieu en quelques minutes.

Jusqu'en 1989, suite à un accord entre les pays producteurs et les pays importateurs, des prix minimaux et maximaux ainsi que des quotas d'exportation étaient en vigueur. Or le 4 juillet 1989, cet accord a volé en éclats. Une longue période de régulation du marché prenait fin. Pour la première fois en 27 ans, le marché était entière-

L'Association des pays producteurs de café

En 1993, en raison du bas niveau des prix des années précédentes, un certain nombre de pays exportateurs a conclu un accord sur ce qu'on appelle des restrictions volontaires d'exportation. Réunis dans l'Association des pays producteurs de café (ACPC), ils étaient 28 membres à leurs débuts, représentant approximativement 85 % de la production totale de café. L'Indonésie les a rejoints en avril 1994. Tous les pays exportateurs de café n'en sont pas membres. C'est notamment le cas du Mexique, en partie parce que les États-Unis, son principal partenaire commercial, sont fermement opposés à cette violation du mécanisme du marché.

Depuis 1993, l'ACPC a régulièrement imposé des restrictions d'exportation. Dans la plupart des cas (en 1993, 1995 et 1996), le but était de renverser la tendance à la baisse des prix, mais parfois (comme début 1997), il s'est agi d'accélérer une hausse.

Pour l'instant, les actions de l'ACPC constituent le seul mécanisme qui permette aux pays producteurs de café de défendre leurs intérêts. Le commerce du café est contrôlé par un petit nombre de grandes entreprises internationales. Une élite de 20 compagnies s'accapare plus des trois quarts du commerce du café, dont une seulement est originaire de l'un des pays producteurs. Avec leurs avantages dans les domaines de la connaissance, des accords commerciaux, etc., ces entreprises contrôlent fermement la totalité de la chaîne de production, de la récolte au consommateur. Elles peuvent bénéficier de prix en dessous du prix du marché mondial grâce à des « accords spéciaux », en garantissant l'achat de quantités spécifiques, par exemple.

ment soumis aux lois de l'offre et de la demande, et les prix du café ont commencé à fluctuer librement. En outre, les pays exportateurs ont mis sur le marché tous les stocks dont ils disposaient, entraînant immédiatement une baisse vertigineuse des cours. En automne 1992, le prix de l'arabica avait chuté en dessous de 50 UScents par livre à la Bourse de New York, un niveau comparable à celui des années 1930. Pour y remédier, en 1993, l'ACPC (Association des pays producteurs de café) a imposé une restriction d'exportation. Cette dernière a provoqué une montée des prix. Les récoltes décevantes de café en 1993-1994 jointes à deux gelées successives au Brésil ont renforcé cette hausse. Résultat : en l'espace de seulement quelques semaines, les prix ont atteint des niveaux records.

Face à cette situation, les petits producteurs sont impuissants. Ils ne disposent pas des moyens nécessaires pour stocker leur récolte et attendre le meilleur moment pour la vendre. En outre, les fluctuations des cours n'ont qu'une influence limitée sur leurs revenus : quand ils sont bas, leurs revenus diminuent, quand ils augmentent, leurs gains croissent, mais jamais à la mesure de la hausse sur les places boursières. Les pays les plus vulnérables aux variations de cours sont ceux qui réalisent l'essentiel de leurs exportations avec le café, soit les pays en voie de développement d'Afrique de l'Est. Pour eux, la baisse des cours engendre une diminution dramatique des entrées de devises.

De la crise de 1997 au désastre de 2001-2003

Entre décembre 1996 et juin 1997, le prix de l'arabica a presque triplé sur le marché de New York. Accusée ? la Bourse d'échange du café. Un des torréfacteurs de café leader sur le marché européen, Douwe Egberts, met en cause des « intérêts excessifs parmi les investisseurs et les spéculateurs ».

Attirés par les prix bas de 1996, des trusts financiers ont conclu des achats de café sur une grande échelle. Ces achats ont immédiatement fait remonter les prix sur le marché du café, rendu déjà sensible par la diminution des stocks accumulés par les négociants et les industries depuis le boom de 1994-1995. Des incidents comme des récoltes décevantes dans les régions basses d'Amérique centrale, une grève des dockers en Colombie (alors deuxième producteur de café) et la décision de l'Association des pays producteurs de café de réduire les exportations ont provoqué une véritable panique sur le marché du café et ont fait exploser les prix. Les spéculateurs, toujours très actifs dans les marchés agités, ont, eux aussi, joué un rôle déterminant. Les petits comme les grands cultivateurs ont voulu vendre leur café le plus vite possible. Les négociants ont acheté tous les kilos de café qu'ils pouvaient trouver.

En mai 1997, on assiste à une poussée de fièvre : le prix de l'arabica sur le marché à terme de New York dépasse la barrière des 300 UScents, le prix le plus haut de ces vingt dernières années, trois fois plus élevé qu'en décembre 1996. Un mois plus tard, après que les spéculateurs ont touché leurs dividendes, les prix redescendent en dessous de 200 UScents et restent à ce niveau tout l'été.

Cette hausse des prix inattendue, purement technique et boursière, a poussé certains pays à développer leur production dans le cadre de plantations gigantesques pour bénéficier du niveau des cours. La production du Vietnam, entre autres, est passée en 15 ans de 500 000 à près de 15 millions de sacs, celle du Brésil a augmenté de 50 %. La surproduction généralisée qui s'est ensuivie a entraîné les prix dans une chute vertigineuse dont pâtissent aussi bien les petits producteurs – largement majoritaires – que les « anciennes » plantations dont les coûts de production (en moyenne 70 à 80 US$ le sac de 100 livres anglaises, soit 48,95 kg) sont en dessous des cours de la Bourse. En 2002, le prix du café a touché le fond, frôlant les 40 $ – le prix le plus bas depuis 30 ans.

Aujourd'hui, des millions de salariés et de petits producteurs, avec leur famille, subissent les dures conséquences de cette catastrophe : les enfants quittent l'école, les médicaments de base sont inaccessibles, la malnutrition se développe. On assiste aux quatre coins du monde à un véritable désastre dont les conséquences seront visibles pendant de longues années.

Spéculateurs : un jeu pervers pour les petits producteurs

Les prix du café fluctuent selon le principe de l'offre et de la demande. Des prix élevés encouragent les producteurs à prendre plus grand soin de leurs caféiers et à en replanter. Après quelques années, ces investissements mènent à des stocks plus importants, ce qui influe sur les prix. Quand les prix sont bas, les producteurs ont tendance à négliger leurs caféiers, ce qui mène à une baisse progressive des stocks et à la reprise de la hausse. Et ainsi de suite…

Toutefois, attribuer les fluctuations de prix aux seules lois de l'offre et de la demande est un peu simpliste. Depuis la création du marché libre de 1989, les prix sont surtout affectés par les décisions des grands investisseurs financiers. Quand les cours sont bas et qu'une rupture de stock est prévue, comme ce fut le cas début 1997, les investisseurs se jettent sur le marché du café avec de gros capitaux. Ils ne sont pas intéressés par le produit en lui-même : ils l'achètent avec l'intention de le revendre pour faire de gros bénéfices. Leur soudaine demande fait automatiquement monter les prix, jusqu'au moment où ils décident de recueillir leur profit, et les prix plongent de nouveau. Les spéculateurs renforcent donc le phénomène « naturel » de fluctuation des prix.

La différence du commerce équitable

Vingt-cinq années de commerce équitable du café

Le café est le produit phare du commerce équitable. En 1973, Fair Trade Organisatie, une organisation de commerce équitable aux Pays-Bas, a importé le premier café acheté de manière équitable à des coopératives de fermiers du Guatemala. Vingt-cinq ans plus tard, le café équitable est de plus en plus familier sur nos tables. Et des centaines de milliers de cultivateurs de café bénéficient du commerce équitable.

Le commerce équitable défend les intérêts des petits cultivateurs de café qui, avec les travailleurs des plantations, sont le maillon le plus faible de la chaîne. Ils n'ont pas de prise sur les développements du marché, ni au niveau local, où ils dépendent des intermédiaires, ni au niveau international, où ils subissent les opérations des spéculateurs internationaux. Le commerce équitable leur offre une alternative pour gagner le plus possible leur indépendance. En achetant le café directement aux coopératives de producteurs, le commerce équitable évite les intermédiaires locaux — les « coyotes » –, qui abusent de leur position de force par rapport aux petits paysans. L'achat direct permet aux caféiculteurs de recevoir un prix minimum garanti (121 US$ le sac de 100 livres) quelles que soient les fluctuations des cours de la Bourse ; ils peuvent de la sorte envisager l'avenir. En outre, ils bénéficient d'une prime de développement de 5 US$ par sac grâce à laquelle ils peuvent investir dans la mise en place de programmes alimentaires, de santé ou d'éducation, dans l'amélioration de la qualité de la production, dans le développement de la formation technique (gestion, commercialisation, qualité...), dans la construction de routes, etc.

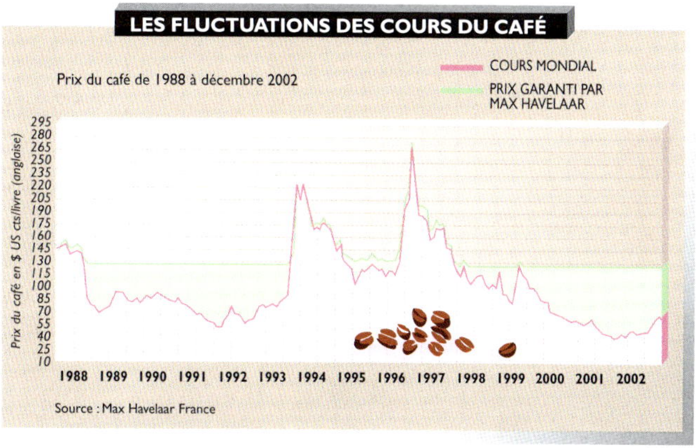

Pour assurer la sécurité des producteurs, des contrats annuels sont signés, qui déterminent les achats de café et une collaboration à long terme. Par ailleurs, un préfinancement peut être mis en place par l'octroi de crédits allant jusqu'à 60 % du prix de l'achat au début de la récolte. Cette facilité de crédit est essentielle dans bien des cas, dans la mesure où les petites organisations de producteurs ont peu de chances d'obtenir des prêts des banques locales.

Enfin, en participant au commerce équitable, ils sont en contact avec les importateurs, découvrent les marchés européens et construisent une compétence à l'exportation, clef pour développer leur autonomie.

L'impact global de Max Havelaar : la réussite du café équitable

Les producteurs de café équitable sont implantés dans 22 pays, dont le Pérou, le Mexique, la République Dominicaine, Haïti ou le Cameroun. Ils sont 671 000 caféiculteurs affiliés à 173 regroupement de producteurs à profiter des bienfaits du café équitable, dont 100 000 pour la seule union de coopératives du Kilimanjaro, en Tanzanie. Avec les familles de producteurs, on compte en tout quelque 3,5 millions de personnes bénéficiaires.

Dans les 17 pays concernés par le commerce équitable, 15 000 tonnes de café équitable sont vendues chaque année, ce qui représente un chiffre d'affaires mondial de 175 millions d'euros. En France, il se monte à 17 millions d'euros, et le café compte pour 75 % des ventes totales de produits labellisés « commerce équitable ».

Paquets de café équitable avec l'ancien et le nouveau logo Max Havelaar

Exemples dans des coopératives

Au Guatemala

La coopérative La Voz que clama en el Desierto (« La voix qui clame dans le désert ») a construit des installations de traitement du café, supprimant ainsi de longs transports vers l'usine toujours préjudiciables à la qualité du café.

« Pour nous, les Indiens, la terre a une signification très spéciale. Dieu nous l'a donnée pour semer et recueillir, donc pour nous permettre de vivre. C'est pourquoi notre coopérative de café a choisi l'agriculture biologique ». Ce sont les mots d'Andrés Quic Ramos. Il est à la fois cultivateur de café et instructeur environnemental à La Voz que clama en el Desierto. Avec le soutien de Fair Trade Assistance, Andrés et 12 collègues d'autres coopératives ont été formés comme instructeurs environnementaux. À leur tour, ils peuvent apprendre aux cultivateurs de café les méthodes de culture biologique. Selon Andrés, les « perspectives pour l'environnement au Guatemala ne sont pas brillantes. Les grosses plantations de coton et de café utilisent beaucoup de produits chimiques. Les plantes sont devenues moins résistantes et développent beaucoup de maladies. La terre est détruite peu à peu ». Andrès explique encore que le « point de départ pour une agriculture biologique est de préserver le sol, d'éviter les fertilisants et d'éviter de délaver la terre ». Ainsi, les cultivateurs construisent des terrasses, plantent des arbres pour protéger le sol et les caféiers du soleil, et utilisent des engrais biologiques.

Au Mexique

À l'initiative de différentes organisations de producteurs de café biologique de l'est du Chiapas, la coopérative a ouvert sa propre usine de torréfaction grâce à la prime de développement. Désormais, le café est vendu sur les marchés locaux à un prix plus rémunérateur que celui à l'exportation : un pas important vers l'autonomie des coopératives. « Le café équitable apporte l'espoir à nos familles et à nos terres puisque nous pouvons construire nos vies » (témoignage de Julio Cesar Lopez, producteur de café au Mexique). En outre, les retombées du commerce équitable ont permis à ces producteurs de diversifier leur activité avec l'ouverture d'une usine de jeans et d'une fabrique de confitures.

Les produits disponibles en France

Il existe plus de 80 références de cafés portant le label Max Havelaar, dont 56 diffusées dans le commerce de détail (petite, moyenne, grande distribution et correspondance) et 26 dans les entreprises (restauration collective, distributeurs automatiques). Il est toujours difficile d'indiquer pour chaque type de magasin les cafés disponibles, d'une part du fait des évolutions inévitables au sein de chaque enseigne, d'autre part du fait de la liberté dont jouissent bon nombre de points de vente à l'égard des directions nationales.

Le tableau ci-après est donc présenté à titre indicatif et ne donne que les cafés les plus répandus. À noter également que les provenances peuvent évoluer (elles ne sont indiquées que lors de la première information).

LE CAFÉ ÉQUITABLE EN MAGASIN

Atac	Selon les magasins : boîte Malongo (Mexique) / Méo « Participez à une grande cause » (Costa Rica, Guatemala, Honduras, Indonésie, Nicaragua) / Bio de Sati (Mexique, Pérou) / Destination café (Guatemala) et Destination nature (Guatemala bio ou Pérou bio)
Artisanat-Sel (vente par correspondance)	Chantico (Mexique), Forestal (Costa Rica), Kalinda (Haïti), Kalinda déca (Haïti), Selva alta (Bolivie, Pérou), Solela (Guatemala), Tzul Taca (Guatemala), Tingo Maria (Pérou), Villa Oriente (Bolivie), Langani (Éthiopie)
Auchan	Marque Auchan (100 % arabica et 100 % Guatemala) / dosettes Malongo 1, 2, 3 espresso (Mexique) Selon les magasins : Méo « Grande cause nationale » / Bio de Sati / boîte Malongo / Destination café (Guatemala) / Destination nature (Guatemala bio ou Pérou bio)
Boutiques bio et commerce équitable	Selon les magasins : Organico (Mexique), Quétal (Pérou), Manoubé (Nicaragua, Tanzanie), Beneficio (Mexique) / Destination café (Guatemala, Guatemala bio ou Pérou bio) / Chantico, Forestal, Kalinda, Kalinda déca, Selva alta, Solela, Tzul Taca, Tingo Maria, Villa Oriente

Brûleries	Mexique / Costa Rica
Carrefour	Selon les magasins : boîte Malongo / Méo « Grande cause nationale » / Destination café (Guatemala), Destination café déca (Indonésie, Bolivie) et Destination nature (Guatemala bio ou Pérou bio)
Casino	Marque Casino bio (100 % arabica) Selon les magasins : boîte Malongo / Méo « Grande cause nationale »
Champion	Selon les magasins : boîte Malongo / Méo « Grande cause nationale » / Chantico, Forestal, Kalinda, Kalinda déca, Selva alta, Solela, Tzul Taca, Tingo Maria, Villa Oriente, Destination café déca (Indonésie, Bolivie) et Destination nature (Guatemala bio ou Pérou bio)
Cora	Marque Cora (Nature bio) / Méo « Grande cause nationale » / Bio de Sati / Alter Eco arabica (Bolivie, Mexique, Nicaragua) / Tingo Maria, Solela, Chantico, Villa Oriente (Bolivie)
Géant Casino	Selon les magasins : boîte Malongo / Méo « Grande cause nationale » / Casino bio (Mexique, Bolivie)
Intermarché	Chantico, Forestal, Kalinda, Kalinda déca, Selva alta, Solela, Tzul Taca, Tingo Maria, Villa Oriente / Destination café (Guatemala, Guatemala bio ou Pérou bio)
Leclerc	Café bio « Village », marque Repère (Mexique, Pérou, Bolivie) / Maragogype (Guatemala) / Langani (Éthiopie) Selon les magasins : boîte Malongo « Café des petits producteurs / Méo « Grande cause nationale » / Sati / Destination café (Guatemala, Guatemala bio ou Pérou bio) / Chantico, Forestal, Kalinda, Kalinda déca, Selva alta, Solela, Tzul Taca, Tingo Maria, Villa Oriente
Match	Selon les magasins : Méo « Grande cause nationale » / Sati (Mexique) / Arpège bio / Tzul Taca, Villa Oriente
Monoprix	« Monoprix bio », arabica (Mexique) et mélange arabica-robusta (Guatemala-Indonésie) / boîte Malongo / Alter Eco arabica (Bolivie, Mexique, Nicaragua) / Kalinda, Tzul Taca, Tingo Maria, Villa Oriente
Rond Point	Bio de Sati ou Sati Mexique
Super, hyper U	Principaux produits : boîte Malongo / Destination café (Guatemala, Guatemala bio ou Pérou bio) / Chantico, Forestal, Kalinda, Kalinda déca, Selva alta, Solela, Tzul Taca, Tingo Maria, Villa Oriente, Ocamonté (Colombie)

Les Cafés Malongo : un engagement de longue date

Interview de Jean-Pierre Blanc, Directeur général de Malongo

À quel moment avez-vous entendu parler de commerce équitable et en quoi ce concept vous a -t-il séduit ?

En fait, je recherchais dès le début des années 1990 des cafés biologiques de qualité. Cette recherche m'a naturellement porté vers les plantations du Mexique, plus précisément celles de la communauté d'Uciri, qui se trouvent près du Chiapas, à plus de 2 000 mètres d'altitude. Ce n'est qu'en 1997 que le concept de commerce équitable a été introduit en France. Comme je travaillais déjà avec les petits producteurs du Mexique et connaissais en partie le travail du Père van der Hoff qui est à l'origine de cette idée, il m'a été extrêmement facile de me laisser séduire.

Par ailleurs, il faut dire que j'avais eu, au cours de mes différents voyages dans les pays producteurs et à travers mon expérience de torréfacteur, l'occasion de me rendre compte que le système était pervers. Il risquait, si aucune alternative n'était proposée, de conduire les petits producteurs à abandonner la culture du café pour d'autres cultures plus rentables. Il risquait aussi de faire disparaître du marché des cafés de qualité qui ne peuvent être cultivés que selon des conditions bien précises (utilisation d'engrais naturels, cueillette manuelle, méthode d'extraction humide...).

Ce qui m'a donc séduit dans le concept de commerce équitable, au-delà de son aspect purement moral, c'est qu'il replaçait la qualité au cœur du débat. Tout, en fait, est intrinsèquement lié : en aidant les petits producteurs à cultiver du café selon des méthodes que je qualifierais de « non industrielles », le commerce équitable contribue à préserver la qualité du produit. Or chez Malongo, nous sommes très attachés à cette idée. C'est une des raisons pour lesquelles nous avons adhéré au système.

Comment avez-vous obtenu le label Max Havelaar et comment avez-vous choisi, en tant que partenaires, les petits producteurs du Mexique ?

Le processus de labellisation a été assez rapide. Bien entendu, je m'étais, auparavant, renseigné sur le fonctionnement complet du commerce équitable ainsi que sur les conditions qu'il fallait remplir pour obtenir la labellisation. On peut toujours manifester quelques doutes sur la création d'un nouveau système. Ces doutes ont été assez rapidement levés, car d'une part je connaissais déjà le travail et les convictions du Père van der Hoff, d'autre part tout avait été conçu pour éviter les pièges de la charité (contrôles sur place, respect des engagements, etc.).

Quant aux petits producteurs du Mexique, je connaissais, là encore, leurs méthodes de travail et l'excellence de leur arabica. Je savais aussi leur attachement à la terre qui est cultivée depuis plusieurs centaines d'années. Historiquement et humainement, la communauté d'Uciri incarne à elle seule l'esprit du café. Il était donc logique de travailler avec elle. Ce qui n'exclut pas d'aller à la rencontre d'autres petits producteurs : je pense, par exemple, à ceux du Guatemala ou d'Haïti.

Maintenant que le système a fait ses preuves, continuez-vous à vous rendre régulièrement au Mexique ?

Oui, je m'y rends au moins une fois par an. Cela me permet de poursuivre le travail autour du produit et de mesurer les progrès accomplis en matière d'autonomisation. Ainsi ai-je pu constater que la culture biologique permet, contrairement à ce que l'on imagine, d'accroître la productivité. Par ailleurs, la communauté d'Uciri dispose aujourd'hui d'une pharmacie, d'un centre de formation agricole, d'une usine de confitures et même d'une fabrique de jeans. Le commerce équitable lui a donc permis de s'autogérer en diversifiant ses activités. Il lui a permis aussi de devenir un partenaire commercial crédible et responsable au sein de son propre pays. Là encore, on voit bien qu'il est un système global qui permet, à terme, d'éviter l'exode rural. C'est un véritable régulateur économique, politique et social. C'est, sans conteste, un système de développement durable.

Pour revenir à vos débuts, comment les consommateurs ont-ils accueilli votre café des petits producteurs ?

Nous avons mis ce produit sur le marché en 1998 en visant essentiellement la grande distribution. Il a reçu un accueil très favorable des consommateurs qui l'ont d'ailleurs élu « Saveur de l'année » en 2002. Cela signifie que sa qualité a été reconnue. C'est cela qui est important dans le commerce équitable : il ne suffit pas de jouer sur la « bonne conscience » des consommateurs, il faut leur proposer un produit dont la qualité est irréprochable. C'est là toute l'intelligence du système. Bien sûr, il reste des progrès à accomplir pour que ces actes d'achat concernent le plus grand nombre et que le commerce équitable s'instaure en norme du commerce mondial.

J'allais y venir. Comment, en tant que torréfacteur, entendez-vous faire progresser les choses ?

Nous essayons de communiquer sur le commerce équitable à plusieurs niveaux. Tout d'abord à travers des campagnes de publicité. Ensuite à travers l'organisation de conférences et de colloques. Ainsi avons-nous organisé à Marseille, en 2001, une

importante rencontre entre les différents acteurs de la filière du café afin de débattre de ce sujet*. Et nous entendons bien renouveler l'expérience. Toutes ces actions nous semblent importantes, car le commerce équitable reste encore un concept flou dans l'esprit de nombreux consommateurs. Pour consolider sa présence et parer à toute campagne éventuelle de discrimination, il faut communiquer sur lui en expliquant ses rouages. Il faut insister sur le fait qu'il n'a rien à voir avec un système humanitaire qui reposerait vaguement sur un principe de charité. Il faut montrer qu'il participe à l'instauration d'un nouvel ordre mondial respectueux des autres et de l'environnement. Il faut montrer qu'il relève d'une démarche adulte et responsable qui redonne à l'homme, et à son travail, sa dignité.
Tout cela demande du temps et de la persévérance, mais c'est à ce prix que nous montrerons que le commerce équitable n'est pas seulement un concept à la mode mais bien une solution d'avenir.

* Le colloque « Café et commerce équitable : rébellion ou nécessaire évolution ? » a été organisé en novembre 2001 par le Cercle de l'art du café. Les actes sont publiés aux Éditions l'Harmattan, Paris, 2003.

Chapitre 2

LE THÉ LABELLISÉ

Le thé équitable est la solution proposée pour améliorer les conditions de vie de travailleurs dont le sort est de « naître, vivre et mourir sur la plantation » depuis des générations. Enfin, par ce biais, ils retrouvent leur dignité et peuvent espérer un autre avenir pour leurs enfants.

La deuxième boisson au monde

Avec 25 000 tasses bues par seconde, le thé est la boisson la plus consommée au monde après l'eau. Originaire de Chine, qui a longtemps été le principal pays producteur, il est cultivé depuis plus de 2 000 ans.

Il est issu d'un arbuste à feuilles persistantes qui se développe en haute altitude dans les régions les plus humides des zones tropicales et subtropicales. La cueillette des feuilles vertes est immédiatement suivie de leur transformation dans des usines situées sur les plantations ou à proximité. Il n'existe qu'une espèce de théier, le *Camellia sinensis*, mais le thé est classé en trois catégories selon la méthode de transformation : le thé noir, fermenté après la cueillette, le thé vert, non fermenté, et le Oolong, semi-fermenté.

Production et consommation

La production mondiale en 2002 était estimée à 2,185 millions de tonnes. La culture du thé est répandue dans plusieurs pays d'Asie, d'Afrique et d'Amérique latine, et dans certains d'Europe de l'Est : l'Inde en a produit 855 000 tonnes, le Sri Lanka 295 000 tonnes, la Chine 240 000 tonnes, l'Indonésie 155 000 tonnes. La production annuelle du Kenya est, pour sa part, évaluée à 280 000 tonnes, bien que le pays ait connu des pluies et de basses températures en juin. (Source : Agence française de développement.) Ces pays comptent à eux seuls pour 75 % de la production mondiale. Environ 56 % de la production est consommée localement ; le reste, habituellement la meilleure qualité, est exporté.

Le Zimbabwe, l'Ouganda, le Bangladesh, la Malaisie et la Turquie produisent aussi du thé, mais parfois difficilement. Les petits pays producteurs se livrent en effet une concurrence acharnée où les plus faibles abandonnent, comme l'île Maurice où la dernière usine de thé a annoncé sa fermeture en 1997.

Le Pakistan, quatrième pays consommateur de thé, et qui en importe pour 220 milliards de dollars, a décidé d'encourager la culture du *Camellia sinensis*, l'arbre à thé, pour passer du statut de simple consommateur à celui de producteur. Cela ne fait pas faire l'affaire du Sri Lanka, deuxième producteur mondial, pour qui le marché pakistanais est un débouché naturel. En outre, ce nouveau venu risque de perturber l'ensemble du marché du thé en élargissant l'offre.

La consommation en 2002 était estimée à 2,108 millions de tonnes. Une étude de la FAO (l'Organisation des Nations unies pour l'alimentation et l'agriculture), intitulée *Thé noir : projections jusqu'en 2005*, avance que la production mondiale de thé noir pourrait passer à 2,7 millions de tonnes en 2005 et la consommation à 2,67 millions de tonnes.

Comme une grande partie du thé est consommée sur place, les plus gros producteurs ne sont pas forcément les plus gros exportateurs. Aujourd'hui, le Kenya a rattrapé l'Inde et le Sri Lanka pour devenir le principal pays exportateur de thé au monde.

Le commerce international du thé

Une grande concentration

Le marché du thé est très concentré, et il est fréquent que des multinationales contrôlent toutes les étapes de sa commercialisation, depuis les plantations jusqu'à la distribution. Quatre-vingt-dix pour cent du marché occidental du thé sont aux mains de sept multinationales qui influencent fortement les prix. Plusieurs compagnies, comme Lyon's, Lipton et Jackson of Picadilly, ont fait fortune dans ce commerce. Ainsi, l'Irlandais Thomas Lipton est devenu milliardaire grâce à l'exploitation de grandes plantations de thé au Sri Lanka.

La majorité des revenus proviennent du mélange, de l'emballage et de la distribution du thé. Or la plupart du temps, ceux-ci sont perçus par les pays consommateurs, et non par les pays producteurs. En Europe, on estime que ces étapes, ajoutées au coût de la publicité, comptent pour 30 à 50 % du prix du thé au détail.

Les ventes aux enchères

Les premières datent de 1679, avec la vente de thé d'origine chinoise par la Compagnie des Indes orientales. Pendant plus de trois siècles, le marché aux enchères de

Londres fut la référence internationale pour le commerce du thé, mais lorsque les marchés aux enchères locaux se développèrent dans les pays producteurs, le volume négocié à Londres diminua fortement. Le marché londonien dut même fermer en 1998.

Actuellement, environ 85 % des ventes de thé s'effectuent aux enchères dans les différents pays producteurs. Les principaux marchés sont ceux de l'Inde et du Kenya, mais on en trouve aussi d'importants au Sri Lanka, au Bangladesh, au Cameroun et en Indonésie.

La détermination du prix du thé

Le prix du thé n'est pas fixé de la même manière que ceux du café ou du cacao. En effet, contrairement à ces denrées, le thé n'est pas vendu sur un marché de référence unique. Outre le classique principe de l'offre et de la demande, plusieurs facteurs influent sur les prix : la qualité, qui dépend surtout de la région productrice et de la méthode de transformation ; les conditions économiques, sociales, politiques ou météorologiques des régions productrices, puisque les prix sont fixés indépendamment par chacune d'elles ; les relations économiques entre le Nord et le Sud ; le pouvoir des multinationales qui, dès qu'elles le souhaitent, peuvent cesser leurs achats pour un certain laps de temps de manière à faire baisser les prix. Au milieu des années 1980, le gouvernement indien a fixé un prix minimum pour le thé à l'exportation. Pour contrer ces mesures, les multinationales ont cessé d'acheter le thé indien, bloquant ainsi la totalité du marché d'exportation. Le gouvernement indien fut obligé de faire marche arrière et de cesser sa politique de fixation des prix.

La loi de l'offre et de la demande touche le plus durement les pays les plus pauvres. En 1995, par exemple, les forces du marché ont grevé les revenus des producteurs. En 1996, c'est la nature qui s'est déchaînée : le Kenya a subi une sécheresse dramatique. La production de thé est retombée à un tiers des niveaux normaux, et plusieurs usines ont dû temporairement fermer leurs portes. Des dizaines de milliers de producteurs, dont la subsistance dépend du thé, ont été durement affectés.

En valeur réelle, de 1970 à 1998, les prix ont chuté en moyenne de 41 % au sein des principaux lieux de transaction. Les pays producteurs comme le Rwanda, dont 60 % des revenus à l'exportation dépendent du thé et du café, furent gravement secoués par cette dégringolade.

Culture et conditions de travail

La culture du thé est pratiquée par de petits exploitants qui possèdent leur propre terre et cultivent le thé de manière traditionnelle. Mais ils manquent d'outils, et les moyens de transport sont souvent déplorables. Cela entraîne un gaspillage important des feuilles, car celles-ci doivent être transformées dans les 36 heures suivant la récolte. Au Kenya, les petits cultivateurs réalisent 60 % de la production.

Toutefois, le thé est essentiellement produit dans les grandes plantations. Elles couvrent plusieurs centaines d'hectares sur lesquels sont employées des millions de personnes à travers le monde. Ces travailleurs et leur famille habitent sur les plantations, où les conditions de vie et de travail varient selon les régions et les pays. Le plus souvent, elles sont très mauvaises, et les ouvriers sont exploités aussi scandaleusement qu'à l'époque coloniale. Le travail est généralement peu mécanisé : semence, repiquage, entretien et récolte sont effectués à la main.

Le thé est un produit fragile, et sa cueillette nécessite beaucoup d'habileté. Cette tâche minutieuse est en grande partie réalisée par les femmes et les couches défavorisées

Plantation de thé

de la population. Une travailleuse de plantation typique commence très jeune à travailler avec ses parents, de l'aube jusqu'au soir, sept jours sur sept. Les femmes sont généralement moins bien payées que les hommes.

Aucune étude officielle ne recense le nombre d'enfants travaillant au Sri Lanka. Néanmoins, selon les estimations non officielles, entre 10 000 et 500 000 enfants seraient employés illégalement. Ils n'ont ni droits, ni liberté. L'Unesco rapporte que dans un pays comme le Kenya, deuxième exportateur de thé, jusqu'à 30 % des cueilleurs ont moins de 15 ans.

Les travailleurs n'ont droit à aucune formation professionnelle, et leurs salaires sont dérisoires. Ils manquent d'équipements de santé, d'écoles, mais également d'eau potable. Les logements sont insalubres.

Ce sont les populations les plus défavorisées qui travaillent sur les plantations. En Ouganda, les travailleurs du thé gagnent en moyenne 120 US$ par an, comparativement à la moyenne nationale qui se situe à 300 US$.

Les travailleurs sont couramment exposés à des pesticides contenant du plomb, dont l'utilisation est interdite au Nord à cause de leur trop grande toxicité. C'est le cas du DDT, qui est responsable d'un taux élevé de stérilité et de malformations congénitales chez les travailleurs et leurs enfants.

Par ailleurs, l'écosystème est menacé par une culture trop intensive du thé. L'écosystème d'une forêt limite l'érosion du sol à moins d'une tonne par hectare par année. Si on le remplace par une plantation de thé, la même zone peut perdre de 20 à 160 tonnes de terre par année.

La différence du commerce équitable

Le thé « équitable » est acheté directement à des coopératives de petits producteurs ou à des plantations qui pratiquent une agriculture durable. Le prix payé doit couvrir les coûts de production et le versement d'une prime de développement de 0,50 US$ à 1 US$ par kilo, selon la méthode de transformation. Cette prime est réinvestie dans des projets liés à la santé, à l'éducation et à l'environnement. Le réseau équitable du thé regroupe 48 organisations d'Asie et d'Afrique (soit 36 plantations et 12 organisations de petits producteurs).

Pour les petits cultivateurs

Ils sont regroupés en associations et généralement en coopératives, dont les membres choisissent démocratiquement comment la prime de développement sera réinvestie dans la communauté (éducation, santé, formation, etc.).

Rejoindre une coopérative constitue la seule façon pour les petits cultivateurs de posséder leur usine de transformation. La transformation du thé à la coopérative permet de bénéficier de meilleurs prix lors de la vente et de créer des emplois supplémentaires. La maîtrise de l'emballage a les mêmes effets bénéfiques. Le thé équitable doit, si possible, être emballé dans les pays producteurs de façon à créer des emplois localement : au Sri Lanka, l'emballage du thé équitable offre un emploi à 2000 femmes.

Pour les travailleurs des plantations

Si pour les petits cultivateurs, le meilleur prix payé sur le réseau équitable constitue un avantage important, les travailleurs de plantations voient leur principal gain dans l'amélioration de leurs conditions de travail. L'éducation des enfants, rendue plus facile grâce au commerce équitable, contribue à l'élimination de la pauvreté de mère en fille. Les femmes ont en effet droit à leur propre contrat d'embauche; elles reçoivent leur propre salaire, ainsi que des prestations de maternité et des soins de santé gratuits. Le travail forcé et celui des enfants de moins de 15 ans est interdit. Le travail ne doit pas être un obstacle à l'éducation.

Les travailleurs ont le droit de créer un syndicat indépendant ou de s'y affilier. Des avantages sociaux sont mis en place, tels que des congés de maladie ou des fonds de pension. Les salaires sont égaux ou supérieurs à la moyenne régionale ou au salaire minimum en vigueur. Ils sont versés régulièrement, d'une manière légale et correctement établie. Après deux ans de certification, tous les travailleurs doivent avoir un contrat d'embauche officiel. Ils ont accès à l'eau potable et à des installations sanitaires. Les lieux de travail ainsi que l'équipement sont sécurisés.

La gestion de la prime de développement est entre les mains d'un comité consultatif regroupant des représentants des travailleurs et de la direction. Elle est utilisée de

Boîte de thé labellisée Max Havelaar

manière à répondre aux besoins des travailleurs, et ce dans un processus favorisant le consensus. Elle ne peut pas servir pour assumer les frais d'exploitation courants de la plantation : elle doit être reliée directement à l'amélioration des conditions de vie des employés. Sa gestion doit être transparente, et le comité doit informer régulièrement l'organisme de certification équitable, c'est-à-dire Flo, de la manière dont elle est utilisée et de l'avancement des projets de développement mis en œuvre.

Les critères de certification équitable

Les critères spécifiques aux plantations sont :
- l'interdiction du travail forcé et du travail des enfants;
- la liberté d'association et la création d'une convention collective;
- des conditions de travail décentes;
- la santé et la sécurité au travail;
- la gestion de la prime de développement par un comité consultatif regroupant les représentants des travailleurs et de la direction.

Les critères spécifiques aux coopératives sont :
- les membres sont de petits producteurs;
- l'organisation est gérée démocratiquement et tous les travailleurs ont une voix dans le processus décisionnel;
- la prime de développement est gérée par les travailleurs et est réinvestie selon les besoins de la communauté.

La culture biologique, *alter ego* du commerce équitable

La culture biologique du thé est effectuée selon des principes agricoles durables, visant à protéger les eaux naturelles, les forêts vierges et les écosystèmes, et à contrer l'érosion. La gestion adéquate des déchets est également prise en compte. Le thé certifié biologique est produit sans pesticides ni engrais chimiques ; l'agriculture biologique accroît à long terme la fertilité de la terre et protège la santé des familles.

Les organisations du commerce équitable encouragent les producteurs à effectuer la transition vers l'agriculture biologique. Les producteurs de thé équitable bénéficient généralement de formations dans ce domaine. Environ 39 % du thé équitable est certifié biologique.

Évolution dans une coopérative vendant en France

Créée en 1993 à l'initiative de Sarath Ranaweera, spécialiste de la culture biologique du thé, l'Association des petits producteurs de thé biologique de la région de Kandy, au Sri Lanka (Sofa), compte à ce jour plus de 462 membres. Le regroupement des cultivateurs et le passage à l'agriculture biologique ont permis une meilleure valorisation du thé produit. En effet, le prix du kilo de thé, fixé sur une Bourse d'échange nationale, est généralement très faible – 8 à 12 roupies le kilo (soit l'équivalent de 10 cents d'euro) –, alors que le prix de revient pour un petit producteur tourne autour de 15 à 20 roupies. Ainsi, un grand nombre de petits producteurs de la région de Kandy avait eu tendance à abandonner la culture du thé. Avec les acteurs du commerce équitable, la coopérative reçoit 35 roupies par kilo de thé acheté.

Ses membres cultivent chacun une surface moyenne de 1,5 hectare. Ils décident eux-mêmes de la redistribution des bénéfices, qui servent soit à leur rémunération, soit à l'investissement dans des projets de valorisation de leurs cultures ou des projets collectifs. Le premier investissement a concerné la formation, l'acquisition de la certification biologique (obtenue en 1996) et le suivi des producteurs. À présent, l'effort principal se porte sur la valorisation des terrains : replantation de plants de thé et fertilisation. En 2001, la coopérative a ainsi pu distribuer plus de 200 nouveaux plants de thé et 100 kilos d'engrais verts à chacun des producteurs, sans parler des 40 vaches données aux plus méritants. De nombreux membres ont aussi mis en place des pépinières pour densifier leurs plantations.

La coopérative se charge de la collecte du thé des différents producteurs répartis sur la région, du contrôle qualité et du contrôle de la traçabilité suivant les exigences de la culture biologique.

Le thé est acheté au niveau local par Bio Foods, société privée qui se charge de sa transformation et de son exportation. Bio Foods coordonne la production de thé avec la réalisation des emballages. De fait, les boîtes de thé sont réalisées à partir de feuilles de palme de culture à l'ouest de la ville de Kandy, dans une zone isolée. Cette activité représente une source de revenus bienvenue dans cet endroit perdu et uniquement tourné vers l'agriculture vivrière. Les femmes sont majoritaires dans les groupes de travail, où elles gagnent un complément de revenu pour la famille. Ces groupes se sont lancés dans la culture de palmes afin de rendre leur activité durable. Chaque femme réalise 10 boîtes par jour en moyenne.

Les boîtes finalisées sont ramassées dans chacun des centres d'emballage par Bio Foods, qui contrôle leur qualité et leur conformité. Quant aux sachets de thé, ils sont réalisés chez un grand transformateur de thé, où ce processus final est automatisé pour des questions évidentes de règles et de normes d'hygiène.

La plantation Strassen

Au Sri Lanka, l'organisation Strassen a amorcé la conversion de sept plantations de thé vers la production biologique. Les travailleurs n'utilisent plus d'engrais chimiques, mais plutôt du compost produit par des éleveurs locaux, et ils ont planté des arbres pour réduire l'érosion du sol. En plus de protéger la santé des familles productrices et l'environnement, le projet a créé 50 % d'emplois de plus qu'une plantation traditionnelle comparable.

Le thé produit, du Ceylan d'Idulgashena, occupe la première place des ventes de thé « équitable », car le grand soin apporté dans sa culture et son traitement en font un produit apprécié du consommateur le plus exigeant.

Le jardin de thé d'Idulgashena est non seulement un prototype pour la culture biologique de thé, mais également un modèle en matière de responsabilité sociale : la santé et l'assistance à l'enfance, l'enseignement à destination des jeunes et des adultes, la formation professionnelle, le logement, les programmes culturels et les activités de développement de la communauté forment les éléments principaux d'un programme de développement social complet facilité par le commerce équitable.

Les 8 pays producteurs de thé équitable

Inde : 22 plantations
Chine :1 association de petits cultivateurs
Népal : 1 association de petits cultivateurs
Sri Lanka : 10 plantations et 3 associations de petits cultivateurs
Tanzanie : 4 plantations et 1 association de petits cultivateurs
Ouganda : 4 associations de petits cultivateurs
Vietnam : 1 association de petits cultivateurs
Zimbabwe : 1 association de petits cultivateurs
Mondialement, le volume des ventes de thé équitable a augmenté de 15,6 % entre 2000 et 2001, pour atteindre 1 077 tonnes. (Source : Fairtrade Labeling Organizations International.)

En outre, plus de 2000 personnes, dans les villages ruraux de l'ouest et du sud du Sri Lanka, ont trouvé un emploi et un revenu décent grâce à la production des paniers qui sont utilisés pour l'emballage du thé.

La Mufindi Tea Company

En Tanzanie, la Mufindi Tea Company est un groupement de plantations certifiées équitables. Une partie du thé équitable vendu est aussi certifié biologique. La compagnie emploie plus de 2500 travailleurs, dont environ la moitié sont des femmes et 60 % des saisonniers.

La prime équitable est réinvestie selon les recommandations du comité consultatif qui comporte des hommes et des femmes. Pour les femmes de la plantation, le principal gain a été l'ouverture d'une garderie située dans la plantation, ce qui leur permet de travailler pendant que leurs enfants sont pris en charge. D'autres projets ont été réalisés grâce à la prime du thé équitable, tels que la construction d'un centre communautaire pour les travailleurs, l'agrandissement de l'école maternelle pour leurs enfants, la réparation de l'école locale et le don de bureaux et de matériel éducatif aux écoles de la communauté.

Pour les employés de la Mufindi Tea Company, une augmentation de la demande pour le thé équitable a un impact direct sur le développement de leur communauté, les revenus supplémentaires engendrés par le commerce équitable étant réinvestis localement.

Les produits disponibles en France

Il existe 66 références de thé disponibles en France. Début 2003, encore peu d'enseignes proposaient du thé équitable. Néanmoins, beaucoup envisageaient son introduction en magasin dans le courant de l'année.

LE THÉ ÉQUITABLE EN MAGASIN

Artisanat-Sel (vente par correspondance) **Boutiques bio et commerce équitable**	Selon les cas : gamme de 6 thés Algra (Inde du Sud) / Ceylan Coslanda (sachets, Sri Lanka) / gamme de 3 thés Evernat (Darjeeling, Earl Grey, vert) / Makaibari (sachets, Inde du Nord) / Jardins de Gaia (30 références) / Équithé (9 références, Inde) / Markal (sachets), Darjeeling (Inde) et Népal / Simon Levelt, Earl Grey (vrac) et Inde (vrac et sachets)
Auchan	Téching (vrac et sachets, noir ou vert)
Carrefour	Téching (sachets, noir ou vert)
Cora	Alter Eco : vert et Earl Grey (Sri Lanka)
Géant Casino	Téching
Leclerc	Bio Village Darjeeling (Inde), gamme Équithé
Monoprix	Monoprix bio Makaibari (sachets, Darjeeling-Inde) / Alter Eco : vert et Earl Grey

Chapitre 3

La banane labellisée, écologiquement et économiquement correcte

Trois trusts internationaux dominent le marché de la banane, encourageant des productions intensives qui ne respectent ni l'environnement ni les droits sociaux. Le commerce équitable s'emploie à contrecarrer leur hégémonie, en offrant à de petits paysans et aux travailleurs de plantations les moyens d'accéder à un revenu décent.

Un aliment de base

La banane est un fruit exotique, originaire du Sud-Est asiatique et diffusé par les Espagnols et les Portugais dans tout le monde tropical à la suite des grandes découvertes. Cet aliment de base, cultivé dans 120 pays de la zone intertropicale humide et chaude, nourrit une partie de la planète.

La banane dessert occupe le deuxième rang du marché mondial des fruits, derrière les oranges et devant le raisin. Elle est le deuxième produit tropical exporté dans le

La banane sous toutes ses formes

Il existe près de 1 000 variétés différentes de bananes : à graines, sans graines, minuscules, énormes, longues, courtes, carrées, rondes, droites, courbes, vertes, jaunes, roses, panachées, argentées, tigrées. On distingue les bananes dessert, sucrées ou acides (Pisang, Cavendish, Gros Michel, Figue Rose...), et les bananes à cuire.

monde après le café. Avec une production de 55 millions de tonnes en moyenne par an, la banane dessert est une source importante de revenus pour de nombreux pays d'Afrique, d'Amérique latine, de la Caraïbe et du Pacifique. L'essentiel de la production mondiale est concentré dans ces pays à cause de leurs conditions climatiques favorables. À elles seules, l'Amérique latine et l'Asie du Sud-Est assurent plus de 80 % de la production totale mondiale.

L'Europe, les États-Unis et le Japon sont les principaux importateurs de bananes. Ensemble, ils achètent à peu près 80 % de la totalité des bananes exportées. L'Union européenne consomme près de 35 % des bananes commercialisées. Les 350 millions de citoyens européens mangent en moyenne 10 kg de bananes par an et par personne. L'Europe produit à peu près 20 % de ses besoins (en Espagne, au Portugal, en Grèce et dans les territoires français d'outre-mer, la Martinique et la Guadeloupe) et importe le reste de différentes régions : les anciennes colonies (on les appelle les bananes ACP) et l'Amérique latine (les bananes dollars). Les États-Unis importent des bananes d'Amérique latine et des Philippines. Le Japon, quant à lui, se fournit principalement aux Philippines, mais aussi en Chine et en Afrique du Sud.

Le marché international de la banane

Un exemple classique du commerce inéquitable d'une matière première

Les six principaux pays producteurs (l'Inde, le Brésil, l'Équateur, les Philippines, la Chine et l'Indonésie) réalisent 55 % de la production mondiale. Cependant, les deux premiers, l'Inde et le Brésil, comptent pour très peu dans son commerce international.

Les différences en terme de systèmes et de coûts de production, donc de compétitivité, sur les marchés mondiaux sont très importantes d'un exportateur à l'autre. Un grand contraste existe entre la production sur une plantation d'Amérique latine et celle des petits fermiers de l'est des îles Caraïbes, par exemple. Dans ces dernières, les fermes comptent généralement moins de deux hectares, et la production demande une importante main-d'œuvre. À l'opposé, les grandes plantations d'Amérique latine peuvent s'étendre sur 5 000 hectares et exigent des investissements massifs pour les routes, le drainage et l'irrigation, les câblages et l'équipement pour l'emballage. De tels investissements peuvent atteindre 13 000 $ par hectare, sans compter le coût du terrain. Sur ces plantations, les coûts de production sont bas. Mais la litanie des bas salaires, des atteintes aux droits des travailleurs, des conditions de travail déplorables et par conséquent d'un malaise social et politique est toujours de rigueur.

Un marché oligopolistique

Les exportations de bananes d'Amérique latine sont dominées par trois multinationales : United Brands (United Fruit Commerce), connue par le consommateur sous la marque Chiquita, Castle & Cook (Standard Fruit Commerce), avec la marque Dole, et Del Monte. Ces multinationales détiennent presque 64 % de la totalité du commerce mondial de la banane, ce qui leur permet de contrôler le marché et, jusqu'à un certain point, de dicter les règles du jeu. Beaucoup de pays producteurs ont une économie qui ne pèse pas lourd devant les chiffres d'affaires des « trois géants ». L'ensemble des revenus à l'exportation des pays ACP atteint à peine 10 % des ventes totales de Chiquita, et seulement 4 % des ventes de bananes des trois multinationales citées ci-dessus.

La structure oligopolistique du marché de la banane est extrêmement liée à ce qu'on appelle parfois l'« intégration verticale » de ces compagnies. Elles possèdent de très grandes plantations, des bateaux spéciaux réfrigérés, des équipements pour le mûrissement et la distribution dans les pays consommateurs. Une telle organisation n'est possible que pour de grosses entreprises. Elle leur permet de faire des économies d'échelle importantes et d'avoir un avantage indéniable sur les petits producteurs et les petits commerçants. Elles peuvent, en particulier, fournir constamment un produit de qualité à un prix relativement bas. Historiquement, ces compagnies ont toujours pu maintenir leurs activités commerciales et un niveau élevé de rentabilité. En mai 1995, l'Association des cultivateurs de bananes du Panama (ABAP) notait que, entre 1992 et 1995, le prix de la banane pour le producteur avait chuté de 5,25 US$ à 3,86 US$ par caisse de 18,4 kg. Un grossiste européen, quant à lui, vend la banane de Panama aux détaillants à environ 26 US$. Une toute petite part du prix payé par le consommateur se retrouve dans les mains des petits cultivateurs (5-12 %) et des travailleurs dans les plantations (1-3 %).

L'action des multinationales s'exerce surtout sur la production des pays d'Amérique latine et, plus particulièrement, d'Amérique centrale, qui fournissent 60 % des bananes qu'elles exportent. Très vite, elles se sont engagées aux Philippines et, plus récemment, en Indonésie, suite à l'ouverture du marché japonais en 1980. Elles sont aussi actives, à plus petite échelle, dans certains pays ACP. Depuis le début des années 1990, les multinationales ont tendance à se désengager des plantations, qu'elles possèdent de moins en moins en main propre. Elles préfèrent passer des contrats d'approvisionnement avec les grands et moyens producteurs des pays dans lesquels elles travaillent. Cette tendance se vérifie également dans d'autres secteurs que celui de la banane. Elle permet aux compagnies dont le siège est dans les pays du Nord de s'affranchir de toute responsabilité quant aux conditions de travail et de respect de l'environnement sur les plantations, rejetée sur les locaux. Elles se retranchent derrière les législations nationales en place qui, disent-elles, assurent les standards minimaux. Les syndicats et les ONG actives dans les régions en cause ont souvent déclaré que les salaires, les conditions de travail et les pratiques influant sur l'environnement étaient généralement aussi mauvaises, voire pires, dans ces plantations nationales que chez leurs voisines gérées par des multinationales. Une législation du travail et de l'environnement existe la plupart du temps, mais elle restera inopérante tant que les manquements ne seront pas portés devant la justice.

Évolutions du marché

À la fin des années 1980 et au début des années 1990, la relative stabilité du marché a fait place à une période de concurrence acharnée entre les multinationales. Ces dernières ont fait pression sur les gouvernements de toute une série de pays, de la Colombie à Belize, pour qu'ils mettent sur pied des systèmes à leur avantage : droits de douane, tarifs préférentiels, dédouanement des importations et des exportations de leurs produits et des matériaux bruts, traitement préférentiel dans les systèmes bancaires des pays hôtes. Elles ont aussi fait pression sur les gouvernements latino-américains pour qu'ils mettent en place de nouvelles politiques d'emploi modifiant partiellement ou totalement les lois existantes. Les quatre grandes multinationales (Chiquita, Dole, Del Monte et Fyffes), les producteurs nationaux, comme Noboa en Équateur, et les gouvernements d'Amérique latine ont profité de la crise du marché mondial de la banane pour éliminer toute une série de garanties sociales : refus de signer des accords collectifs; réduction des salaires; augmentation du temps de travail journalier; persécution renforcée des représentants syndicaux et abandon des plantations sans payer les droits sociaux des travailleurs.

Un mode de culture aux effets néfastes

La production intensive de la banane et l'utilisation de pesticides peuvent être désastreux pour l'écosystème des pays producteurs. Pour obtenir une production optimale, les plantations ont besoin de canaux de drainage, lesquels se déversent ensuite dans les rivières de la région et finalement dans la mer. Selon un rapport de l'IUCN datant de 1992, l'utilisation moyenne de pesticides sur les plantations de bananes au Costa Rica – deuxième exportateur au monde – est de 44 kg par hectare et par an, alors que dans les pays industrialisés, pour la plupart des cultures, elle est limitée à 2,7 kg par hectare et par an. Les fongicides sont déversés par avion, plus de 40 fois par cycle de culture parfois. Le Earth College (Escuela de Agricultura de la Region Tropical Humeda) estime que 15 % de ces fongicides sont éparpillés par le vent et se répandent hors des plantations, 40 % finissent sur le sol plutôt que sur les plantes à traiter et à peu près 35 % sont lavés par la pluie. Sur à peu près 11 millions de litres de fongicides, 90 % sont perdus et affectent chaque année les régions de production de la banane. Pour chaque tonne de banane embarquée, deux tonnes de déchets sont abandonnées sur place tels que des sacs en plastique imprégnés d'herbicides.

Le Costa Rica est aussi dans le peloton de tête des pays qui connaissent un nombre important d'intoxications par les pesticides. La consommation moyenne de pesticides y est de 4 kg par personne et par an – huit fois plus que la moyenne mondiale (de 0,5 kg), et deux fois la moyenne de l'Amérique centrale. Des enquêtes menées par l'Université nationale de Heredia révèlent que le taux d'empoisonnement dû aux pesticides est trois fois plus élevé dans les régions de culture de la banane que dans les autres régions du Costa Rica. Selon un rapport de 1993, c'est la production de la banane qui connaît le plus d'accidents du travail (72 %). Elle est suivie par la production de plantes et de fleurs (7 %), de sucre de canne (6 %), de café (5 %), d'ananas (4 %), et enfin par la fabrication de pesticides (2 %). Les travailleurs agricoles sont 4,5 % à souffrir d'une forme d'intoxication due aux pesticides chaque année – un chiffre qui dépasse les 3 % annoncés par l'Organisation mondiale de la santé pour les pays en voie de développement.

La différence du commerce équitable

En 1997, Max Havelaar propose d'appliquer à la banane les principes du commerce équitable, dont bénéficient déjà le café et le cacao : produire mieux, plutôt que produire plus. C'est un enjeu économique pour tous les planteurs. Un tel changement doit s'accompagner d'une surveillance et d'une protection des milieux naturels, de mesures sanitaires et législatives, de campagnes de sensibilisation.

Une enquête menée par l'Union européenne auprès des consommateurs a montré que ce concept, qui répondrait à une attente, pourrait toucher un marché de 300 000 à 400 000 tonnes en Europe, à côté des 4 millions de tonnes déjà importées.

Le Cirad, organisme scientifique français spécialisé en recherche agronomique pour le développement, apporte son appui scientifique à la démarche équitable.

L'environnement : un élément clef

Initié dès 1996, le commerce équitable de la banane a imposé des critères environnementaux nombreux et très précis, stipulés au sein même de la charte Max Havelaar. Pour obtenir le label, les plantations de bananes doivent notamment :

- proscrire l'utilisation de tout herbicide et des pesticides les plus nocifs ;
- recycler les plastiques indispensables à la culture des bananes mis au rebut ;
- adopter des mesures extrêmement rigoureuses pour freiner l'érosion des sols et la pollution des ressources en eau.

Dans la plantation ghanéenne Volta River Estates, les critères de la charte Max Havelaar ont permis une réduction de 80 % de l'utilisation des produits chimiques.

L'arrivée de la banane « équitable »

À la mi-novembre 1996, Rotterdam, le plus grand port du monde, est le théâtre d'un moment important dans l'histoire du commerce mondial. Les premières bananes « équitables » arrivent sur des barges. Elles proviennent d'une plantation du Ghana respectueuse de l'environnement et d'une organisation de petits producteurs en Équateur. À peu près 400 personnes, représentant le gouvernement hollandais, la presse et les chaînes commerciales, les organisations de producteurs et les organisations de solidarité de toute l'Europe sont présentes pour saluer ce moment tant attendu. Cette initiative est organisée et financée – y compris en écran publicitaire télévisé à heure de grande écoute – par l'organisation de développement hollandaise Solidaridad. Le label Max Havelaar accompagne le produit. Il ajoute des critères environnementaux à ses critères sociaux habituels. Une nouvelle compagnie, Agrofair, est créée. Elle appartient pour un tiers aux producteurs. À Noël, en un mois, la banane Oké a atteint 10 % du marché hollandais, très concurrentiel. C'est un moment historique pour le commerce équitable (auparavant, le produit le plus porteur, le café, atteignait 5 % du marché en Suisse). La banane Oké est disponible dans les 7 chaînes commerciales les plus importantes. Mais ce qui surprendra le plus les grandes compagnies, à moyen ou à long terme, c'est que les producteurs reçoivent entre 40 % et 80 % de plus que les prix du marché mondial, alors que les consommateurs paient toujours le même prix. Tout au long de la chaîne, les marges ont simplement été adaptées. Cette structure de prix permet même de réaliser un bénéfice qui est réinvesti dans les organisations de producteurs. Au Ghana, ce bénéfice permettra, en 5 ans, de céder 25 % des parts de la compagnie aux travailleurs des plantations. En Équateur, il renforcera les organisations de petits agriculteurs et financera un programme d'amélioration environnementale.

Les avantages sociaux et environnementaux de la banane équitable

Tous les fournisseurs potentiels du commerce équitable doivent satisfaire à un minimum de critères sociaux et environnementaux avant d'être acceptés dans le processus de labellisation. En collaboration avec des organisations de producteurs et des syndicats du secteur de la banane, Max Havelaar a défini un noyau minimum de règles concernant l'environnement et les conditions de travail à propos de la production d'une banane « équitable ». La différence par rapport aux autres produits du commerce équitable réside dans une attention encore plus forte portée au respect de l'environnement. Les critères à respecter concernent la biodiversité (protection des zones naturelles), les pesticides et les engrais (contrôle et réduction de leur utilisation, interdiction des produits les plus dangereux), l'érosion des sols et la pollution de l'eau (politique cohérente et règles de prévention, notamment retraitement de l'eau avant son évacuation dans les rivières), et les déchets (contrôle, réduction, compostage).

Pour produire une banane propre, chaque étape a son importance. Par exemple, en interrompant les cycles de production, il est possible de diminuer l'incidence des parasites. Aux Antilles et en Afrique, le Cirad a montré que la pratique de la jachère et des rotations culturales contribuait à assainir les sols. La mise en culture avec des vitroplants, exempts de parasites, dispense de traitements nématicides pendant deux à trois ans. En entretenant des cycles réguliers de jachère et de bananiers issus de vitroplants, il est même possible de s'en affranchir complètement et de maintenir les populations de ravageurs et de pathogènes à un seuil acceptable. Indirectement, la consommation d'engrais s'en trouve diminuée.

Le drainage, le reboisement des coteaux non cultivés, la rotobêche mise au point par le Cirad préservent la structure des sols. Les plantes de couverture, l'apport de composts riches en matières organiques maintiennent leur fertilité. L'enherbement des bordures de plantation réduit la dissémination des produits. Pensées en fonction de la pluviométrie et d'autres facteurs, liés au sol et au climat, les épandages d'engrais peuvent être limités.

L'usage de cordes naturelles, de gaines biodégradables ou photodégradables réduit l'accumulation des déchets dans l'environnement.

L'impact global de Max Havelaar

Les bananes du commerce équitable viennent de 8 coopératives et 3 plantations de 6 pays différents : Ghana, Équateur, République Dominicaine, îles du Vent, Costa Rica et Colombie. Elles permettent à 9 000 personnes (1 700 producteurs et 7 300 travailleurs) et leur famille de bénéficier des avantages du commerce équitable.

En 2001, 29 066 tonnes de bananes équitables ont été vendues dans les 17 pays du Nord impliqués. La croissance est en moyenne de 24 % chaque année.

La banane équitable représente 20 % de parts de marché en Suisse. En France, Monoprix et le réseau Biocoop ont été les premiers à commercialiser des bananes équitables en novembre 2001. D'autres magasins, tels que Match et Cora, devraient s'engager à leur tour courant 2003.

Les répercussions au Sud

Le Ghana, un cas exemplaire

Les bananes du Ghana sont produites par Vrel (Volta River Estate Limited), une compagnie privée qui travaille sur des plantations d'environ 150 hectares. La prime du commerce équitable est prise en charge par un syndicat indépendant, le Gawu, qui a été accepté comme partenaire de négociation par Vrel. Destinée à des programmes sociaux et de protection de l'environnement, elle a donné la possibilité d'augmenter le salaire des travailleurs.

Chez Vrel, une attention supplémentaire est portée à l'amélioration du transport, de la santé et du logement : un treuil a notamment été conçu, qui facilite grandement le transport des régimes de bananes qui pèsent parfois 40 à 60 kg.

La terre est disponible pour les employés qui souhaitent avoir leurs propres cultures et améliorer l'approvisionnement des villages en nourriture. Ils ont reçu 15 % des parts du capital de Vrel, ce qui leur donne un pouvoir de décision dans la compagnie. D'ici l'an 2000, leurs parts devraient s'élever à 20 %. Les dividendes seront destinés au développement de la communauté à travers un fonds social. Vrel aidera les employés qui souhaitent lancer leur propre exploitation en développant ce qu'on appelle une « aide à la croissance ». Une association regroupant des travailleurs deviendra, elle aussi, propriétaire de 10 % des parts de Vrel.

Des opérations à petite échelle permettent un meilleur contrôle de la contamination. Les champs sont éloignés de 40 km maximum, sur les deux rives de la Volta. L'utilisation de pesticides a été réduite de 80 % par rapport aux pratiques habituelles dans la culture de la banane. Vrel a été capable d'arrêter complètement l'utilisation d'herbicides, de nematicides et d'insecticides. Un fongicide est encore utilisé, mais seulement douze fois par an, quand la moyenne d'utilisation en Amérique centrale est de cinquante fois par an. Ce fongicide détruit le Sigatoka noir (un champignon qui attaque les feuilles). Des expériences sont menées pour essayer de trouver un agent biologique qui pourrait le remplacer. Enfin, la fertilisation équilibrée va de pair avec le recyclage des déchets.

Un témoignage en Équateur

Hortenzia Beltran, cultivatrice de bananes en Équateur : « Grâce au commerce équitable, je peux d'abord rester cultivatrice et surtout continuer à nourrir ma famille. Le système garantit un prix stable et juste – ce qui n'est pas toujours le cas dans l'économie libérale. En contrepartie, je m'engage à fournir des produits de qualité supérieure. Non seulement le revenu me permet de vivre et d'élever ma famille, mais en plus j'ai pu procéder à des aménagements indispensables : j'ai de l'eau potable, j'ai construit des sanitaires et un entrepôt d'emballage convenable. J'ai pu améliorer mes conditions d'existence, et maintenant je vis plus sereinement.

Aux consommateurs européens, je voudrais dire : Mangez nos bananes ! Elles sont saines et de qualité. Nous nous en occupons avec soin et elles nous le rendent bien. »

CHAPITRE 4

LE CACAO LABELLISÉ

Le chocolat est une histoire de concentration : concentration de la production d'abord – 85 % du cacao est produit dans 7 pays tropicaux –, concentration de la demande ensuite – plus de 90 % du chocolat produit dans le monde est consommé dans les pays industrialisés –, concentration du marché enfin – 6 multinationales règnent sur 80 % du marché.

La face cachée de l'histoire du chocolat, c'est la vie des petits producteurs soumis aux variations constantes du prix mondial de la fève de cacao et oppressés par des revenus indigents.

Depuis 1997, grâce au commerce équitable, ils sont 50 000 producteurs à vivre une autre histoire.

L'arbre à chocolat

Le cacaoyer pousse sur trois continents : l'Amérique latine, berceau de la culture du cacao, représente encore 20 % de la production mondiale ; l'Afrique de l'Ouest, où la plante est cultivée depuis la fin du XIXe siècle, totalise actuellement 60 % de la production mondiale ; l'Asie du

Sud-Est, quoiqu'elle soit le producteur le plus récent, approvisionne le marché à hauteur de 20 %. La production de cacao concerne plus de 20 millions de personnes dans le monde.

Cacao, arôme, sucre, noisette, lait… tous ces ingrédients mélangés donnent du chocolat, dont plus de 90 % de la production sont destinés aux pays industrialisés.

Les pays producteurs

La Côte-d'Ivoire, le Ghana, l'Indonésie, le Brésil, le Nigeria, la Malaisie et le Cameroun sont les 7 premiers producteurs de cacao.

L'Afrique de l'Ouest

En Afrique de l'Ouest, à peu près 1,2 million de familles de petits agriculteurs gagnent leur vie en cultivant le cacao dans des fermes d'une surface moyenne de 4 à 5 hectares. La Côte-d'Ivoire et le Ghana, avant tout, dépendent du cacao pour leurs échanges extérieurs, bien que la chute des prix de ces dernières années ait diminué son importance. Les revenus des ventes de cacao comptent encore pour plus d'un tiers des revenus à l'exportation du Ghana. Une telle dépendance vis-à-vis d'une seule matière première peut se révéler désastreuse si les prix s'effondrent.

En Afrique de l'Ouest, la fermentation et le séchage des fèves est un processus qui demande beaucoup de main-d'œuvre. Les cabosses sont fendues en deux, et les fèves sont extraites à la main. Encore blanches à ce stade, elles sont empilées et recouvertes de feuilles de bananier. Elles restent sur place quelques jours, le temps de subir une fermentation au cours de laquelle elles prennent une couleur brune et un goût particulier. Elles sont alors éparpillées sur le sol, séchées au soleil, puis stockées et transportées. Les processus de fermentation et de séchage sont très importants pour la bonne qualité du cacao.

Le cacao du Nigeria et du Cameroun a connu une période de déclin en qualité et en quantité ces dernières années. Sous la pression du Fonds monétaire international (FMI) et de la Banque mondiale, ces deux pays ont aboli leur monopole d'État et démantelés leurs entreprises nationalisées. Cette libéralisation abrupte a mené au chaos et réduit le contrôle de qualité. Depuis cet échec, et face à l'inquiétude de l'ensemble du secteur du cacao, qui inclut acheteurs et transformateurs, la Banque mondiale et le FMI sont plus prudents et moins pressés. Au Ghana, notamment, le secteur a été libéralisé, mais progressivement.

L'Asie

La Malaisie et l'Indonésie se sont lancées relativement tard dans la production de cacao. Elles ont commencé dans les années 1970, encouragées par les prix élevés. Ces pays sont aujourd'hui parmi les principaux producteurs de cacao, avec à peu près 20 % du marché mondial. Le cacao est principalement cultivé sur de grandes plantations, où poussent des variétés hybrides et où beaucoup d'engrais et de pesticides sont utilisés. En Malaisie et en Indonésie, le cacao représente moins de 1 % des revenus à l'export. Dans les années 1980, la Malaisie a été le pays producteur qui a connu la plus forte croissance. Mais vu la baisse des prix et l'augmentation des salaires, sa production a diminué depuis le début des années 1990. Depuis 1995, la Malaisie a importé du cacao d'Indonésie pour fournir la matière première à l'industrie de transformation qu'elle a développée, d'une capacité de 110 000 tonnes. En Indonésie, les salaires sont plus bas qu'en Malaisie. L'Indonésie offre une combinaison de facteurs qui, historiquement, a toujours été déterminante pour le boom de la production du cacao : forêt vierge, population migrante (venant de l'île de Java, surpeuplée) et nombre suffisant de personnes qui n'ont pas d'autre choix que d'accepter les niveaux de revenus les plus bas.

La forêt vierge est encore aujourd'hui abattue à Célèbes pour permettre à de nouveaux arrivants de se lancer dans la culture du cacaoyer. Selon les estimations, en Indonésie, 400 000 hectares sont consacrés à la production de cacao. On prévoit qu'elle dépassera bientôt le Ghana comme numéro deux des pays producteurs. Cette détermination à s'étendre contre les efforts des autres pays producteurs pour stabiliser les prix en limitant la production.

L'Amérique latine

La croissance du marché asiatique s'est faite en grande partie aux dépens de l'Amérique latine. Le plus gros producteur, le Brésil, connaît des problèmes similaires à ceux de la Malaisie. Les prix bas et les salaires élevés rendent la culture du cacao peu rentable. La négligence qui en a découlé a favorisé une épidémie, la maladie du balai de sorcière, qui a touché les producteurs de cacao. Tandis que le Brésil produisait 309 000 tonnes en 1992-1993, seulement 165 000 tonnes de cacao étaient prévues pour 1996-1997. Comme la Malaisie, le Brésil est devenu un importateur de cacao afin d'approvisionner son industrie de transformation. Au Brésil, le cacao est cultivé principalement sur des plantations. Le déclin du secteur est particulièrement tragique pour les travailleurs. Dans la province de Bahia, entre autres, extrêmement dépendante du cacao, plus de 250 000 postes de travail sur 450 000 ont été supprimés.

Les autres grands producteurs de cacao en Amérique latine sont l'Équateur, la Colombie, la République Dominicaine et le Mexique. Dans ces pays, la culture est principalement aux mains de petits exploitants.

Un marché concentré

Six multinationales contrôlent le marché du chocolat. Trois sont américaines – Hershey, Mars, Philip Morris (propriétaire de Kraft-Jacobs-Suchard-Côte-d'Or) – et trois sont européennes – Nestlé (Suisse), Cadbury-Schweppes (Royaume-Uni) et Ferrero (Italie). La concurrence est rude entre elles pour se créer de nouvelles opportunités de vente. Elles développent ainsi constamment de nouveaux produits, avec de nouvelles formes et de nouveaux goûts. Ces multinationales entraînent de petites entreprises et leurs marques dans une stratégie d'augmentation de leur part de marché.

La concentration dans le secteur du cacao est due pour une grande part à cette concentration des fabricants de chocolat. Ils recherchent de gros volumes de cacao à des prix toujours plus bas. Pour répondre à cette demande, les commerçants et les transformateurs, fournisseurs de ces multinationales, répercutent cette pression sur les prix.

La spéculation sur le marché des matières premières

Le commerce du cacao attire les spéculateurs, qui intensifient les fluctuations des prix. Ainsi, comme le café, il subit de fortes variations des cours qui ont des conséquences dramatiques pour les paysans.

En 1998, les prix ont commencé à chuter pour atteindre en mai 1999 le niveau le plus bas de la décennie. En octobre 1999, le cacao avait perdu 40 % de sa valeur en un an (5,41 FF le kilo contre 9,18 FF l'année précédente). Les cours sont encore descendus pour se stabiliser puis remonter progressivement à partir de 2001. Ce mouvement à la hausse a continué de façon soutenue en 2002. La raison ? la crise économique et politique qui traverse la

Côte-d'Ivoire, pays produisant 50 % du cacao mondial. Cette crise a eu pour conséquence la réduction drastique des récoltes. Si la remontée des cours améliore la situation de nombreux producteurs, elle existe du fait de la situation catastrophique que vivent les paysans, et plus globalement l'ensemble des Ivoiriens.

La différence du commerce équitable

Dans le commerce du cacao traditionnel, les acheteurs et les industries du chocolat accaparent environ 70 % des bénéfices du chocolat, tandis que les cultivateurs de cacao (qui généralement n'ont pas d'autre source de revenus) reçoivent à peine 5 %.

Les organisations de commerce équitable paient un prix plus juste et soutiennent une agriculture durable en établissant des relations avec les producteurs dans les pays en développement. Les conditions de l'obtention du label Max Havelaar pour le cacao sont sensiblement les mêmes que pour le café : prix minimum garanti couvrant les frais de production et les besoins essentiels, prime de développement permettant des investissements communautaires, achat direct par l'importateur et préfinancement des récoltes pour éviter l'endettement des familles productrices.

Des réalisations concrètes

La coopérative Kuapa Kokoo (« Les cultivateurs de bon cacao »), au Ghana, rassemble environ 30000 producteurs. Kuapa est l'organisation la plus performante du pays, et un nombre croissant de cultivateurs veut y adhérer. En 1993, Kuapa travaillait avec 22 groupes de producteurs. Ils étaient 49 un an plus tard, et en 2000 on en

L'impact global de Max Havelaar

Le chocolat portant le label Max Havelaar est apparu aux Pays-Bas et en Suisse en 1993. Progressivement, les autres pays ont suivi l'exemple. Les 1330 tonnes de cacao équitable vendues chaque année dans le monde proviennent de 7 coopératives et bénéficient à 50 000 producteurs dans 7 pays : Bolivie, Belize, Costa Rica, Équateur, République Dominicaine, Cameroun, Ghana.

comptait 120. Cette coopérative finance des projets d'amélioration de niveau de vie comme l'accès à l'eau potable ou à des toilettes.

Dans chaque village, les agriculteurs qui travaillent avec Kuapa Kokoo élisent un conseil de gestion et des représentants aux instances administratives de la coopérative. Grâce au commerce équitable, ils ont pour la première fois le sentiment d'exercer un peu de contrôle sur le commerce de leur culture d'exportation. Pour eux, le seul fait de manipuler les balances à Kuapa est un symbole significatif du commerce équitable. Ainsi, ils sont sûrs que le prix payé est juste. Les fermiers sont rémunérés pour leur travail de stockage, de pesage et de mise en sac du cacao, et sont impliqués dans les décisions de Kuapa. Ils reçoivent des formations, un paiement rapide et un bonus en fin de saison.

José Rodriguez, producteur de cacao en République Dominicaine, membre de Conacado, la Fédération nationale des producteurs de cacao de République Dominicaine qui travaille avec Max Havelaar, explique : « Grâce au commerce équitable, nous pouvons faire plus de bénéfices. Nous pouvons mieux nous défendre car les marchands locaux nous traitent mal et gagnent beaucoup d'argent à nos dépens. Le système Max Havelaar nous permet de survivre et de continuer à investir, même si une maladie survient. Ma femme a été suivie par des médecins pendant 26 ans et doit toujours prendre des médicaments. La Fédération a acheté des terres sur lesquelles le gouvernement a construit une clinique ouverte à tous gratuitement, avec un docteur que l'on peut voir tous les jours. Ma vie n'est pas facile. Je ne suis pas quelqu'un qui court après l'argent. Je veux simplement que chacun ait les moyens d'avoir une vie décente. Pas seulement dans ce pays mais partout où les gens veulent vivre dignement. Chacun doit avoir la possibilité de vivre, de se développer et de produire. »

Les produits disponibles en France

Le tableau ci-dessous donne les magasins dans lesquels des tablettes de chocolat équitable sont disponibles depuis début 2003. D'autres magasins devraient s'engager à leur tour dans le courant de l'année et proposer également des napolitains et de la poudre chocolatée.

LE CACAO ÉQUITABLE EN MAGASIN

Boutiques commerce équitable et vente par correspondance	Plusieurs références de la marque Mascao (cacao de Bolivie, sucre des Philippines), napolitains, boisson chocolatée Selon les magasins : pâte à tartiner
Cora	2 références de la marque Alter Eco (cacao de Bolivie et du Ghana, sucre du Paraguay et des Philippines)
Carrefour	2 références de la marque Élite : noir et lait (Équateur)
Monoprix	5 références de la marque Alter Eco (cacao de Bolivie et du Ghana, sucre du Paraguay et des Philippines)

Conclusion

« Aux consommateurs européens, je voudrais dire : choisissez nos produits ! Nous nous en occupons bien, ils nous le rendent bien. » Hortenzia Beltran, petite productrice en Équateur, a aujourd'hui une maison en dur avec l'eau courante potable grâce au commerce équitable.

Comme elle, dans des dizaines de pays en développement, de l'Afrique à l'Asie ou l'Amérique latine, plus de 800 000 familles, soit quelque 5 millions de personnes, vivent mieux grâce aux gestes solidaires des consommateurs du Nord, de plus en plus convaincus qu'une autre mondialisation est possible, plus respectueuse de l'équilibre Nord-Sud. Penser et agir en termes de dignité et non plus de croissance, savoir que l'histoire d'un paquet de café du Nicaragua ou d'un pot de miel du Chiapas peut s'écrire de maintes façons, voilà qui change !

Grâce au commerce équitable, les petits producteurs et travailleurs bénéficient d'une plus grande maîtrise de leur développement, condition d'une vie digne. Ils jouissent d'une liberté d'association jusque-là inédite. Leurs conditions d'hygiène et d'éducation deviennent décentes, et leur environnement naturel est respecté.

Dans son roman *Max Havelaar [...]*, Multatuli dénonce le « langage de ceux qui aiment l'injustice parce qu'ils en vivent ». Son héros ajoute : « Ils nient qu'il y ait eu la moindre injustice, pour avoir le plaisir de vous traiter, vous et moi, de Don Quichotte, et du même coup continuer à faire tourner leurs moulins à vent. » Nous tous pouvons contribuer, par nos actes d'achats quotidiens, à substituer aux rapports de force Nord-Sud des relations saines tournant le dos à l'exploitation.

La notoriété du commerce équitable, et de son principal label Max Havelaar, doit encore être améliorée. L'intérêt du public pour le commerce équitable croît chaque jour. Informé, il répond présent. Malheureusement, les achats équitables restent très en deçà de ce qu'attendent les producteurs. Aujourd'hui, 300 unions de coopératives bénéficient du commerce équitable. Or Flo International reçoit chaque année jusqu'à 500 nouvelles demandes, dont 20 à 30 seulement pourront être satisfaites. Pour les autres, il faudra attendre que les consommateurs soient plus nombreux à acheter des produits du commerce équitable, donnant ainsi la possibilité à de nouvelles familles de vivre dans de meilleures conditions.

Les enseignes doivent s'engager plus encore, et c'est à nous, consom'acteurs, de leur en prouver la nécessité.

Bibliographie

Multatuli, *Max Havelaar ou les ventes de café de la Compagnie commerciale des Pays-Bas*, Actes sud, « Babel », Arles, 1991.

Jacques Decornoy, « Quand la quête de dignité devient la règle », *Le Monde diplomatique*, mai 1996.

Rapport mondial sur le développement humain 1999, Pnud.

Memento pour l'an 2000, Efta (European Fair Trade Association).

Le Guide du consommateur responsable, Milène Leroy, Marabout, 2001.

Étude mondiale sur le commerce équitable, Alter Eco PwC Conseil, mai 2001.

Cinq histoires pour changer le monde (sans trop se raconter d'histoires), Véronique Léna, Éditions de l'Aube.

L'Aventure du commerce équitable, une alternative à la mondialisation, Nico Roozen et Frans Van Der Hoff, J.-C. Lattès, 2002.

Bulletin des matières premières, n° 118, juillet-août-septembre 2002, AFD (Agence française de développement).

E*nquête Ipsos sur le commerce équitable pour la Plateforme française pour le commerce équitable*, troisième volet, novembre 2002 (consultable sur www.ipsos.fr).

Crédits photographiques

Idalina Pereira : p. 10, 12, 27, 51d, 57

Pierre Javelle : p. 49, 50, 51g, 51c, 60, 72g, 72d, 89

Malongo : p. 76, 77, 79

Philippe Giraud : p. 86

le développement
d'accord
mais seulement
s'il est durable
Toutes nos vies sont chez
MONOPRIX
dans ville il y a vie

La charte de développement durable de Monoprix : 5 engagements pour un commerce plus équitable et respectueux de l'environnement

1. Etre leader dans l'offre de produits pour la qualité de vie

- Développer l'offre de produits issus de l'agriculture biologique
- Innover et proposer des produits de qualité environnementale
- Obtenir une meilleure visibilité amont et aval des produits
- Promouvoir des produits issus d'une démarche éthique et sociale contrôlable

2. Renforcer et accroître la qualité de vie dans nos magasins

- Développer l'accès à des services de proximité pour nos clients
- Favoriser toutes les initiatives destinées à renforcer l'accueil et la convivialité
- Devenir un relais d'informations de la vie en ville
- Sensibiliser et former le personnel à la démarche du Groupe

3. Maîtriser les impacts sur l'environnement de l'activité du Groupe Monoprix

- Optimiser les consommations d'eau et d'énergie
- Mettre en place une gestion durable des déchets
- Limiter les impacts liés à l'activité de transport

4. Initier des actions locales s'inscrivant dans une démarche de développement durable

- Tisser des liens sociaux et participer au développement local
- Développer des partenariats auprès des fournisseurs et les accompagner dans leur démarche
- Favoriser et participer à des travaux ou réflexions sur les grands enjeux du développement durable
- Promouvoir auprès de nos clients les bonnes pratiques de développement durable

5. Informer et rendre compte des actions de développement durable de Monoprix